# Наследие Зрелости

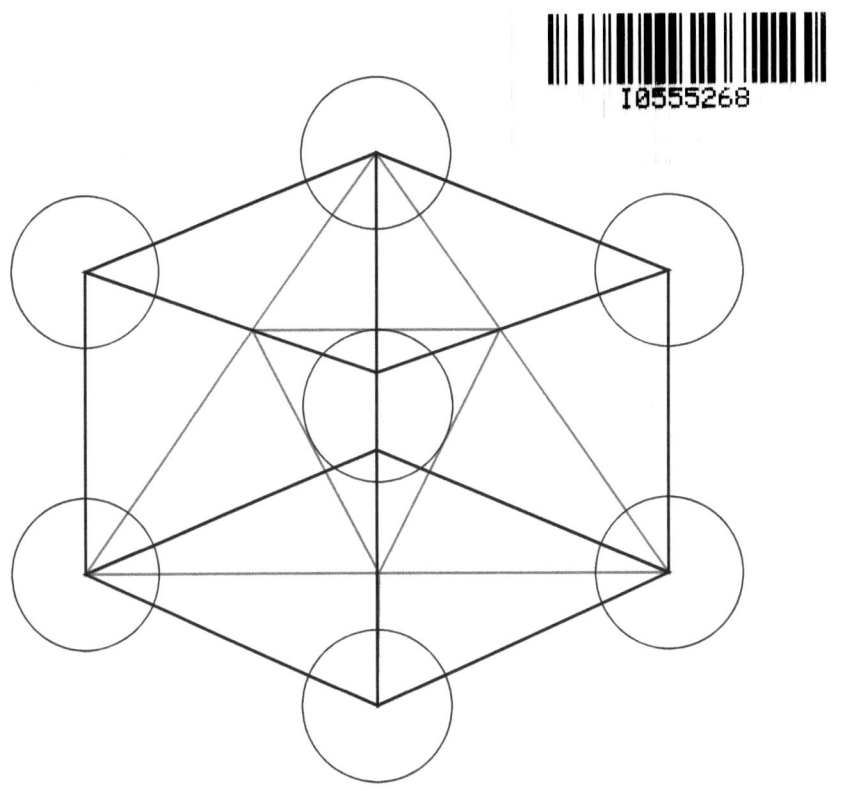

## Рики Ньювенхейс
## и
## Линди Мастерс

# Содержание

# Глава 1

## Мы Все Можем Видеть

В наши дни крайне важно, чтобы мы начали видеть, как разворачивается свиток свидетельства, который находится внутри каждого из нас.

За последние несколько лет, когда я ездил на различные конференции, люди обращались ко мне с одним и тем же отчаянным вопросом: "Рик, как ты видишь? Я хочу видеть так, как видишь ты." Я обычно отвечал: "А как я должен видеть?" Они не знают, как ответить, потому что в своей системе убеждений и процессе мышления они сформулировали представление о том, как я вижу, хотя я никогда не говорил о том, как я вижу. Я говорю о том, что я вижу.

Во время конференций я делюсь видением, которое я пережил, и свожу его к истории, чтобы она могла стать своего рода каркасом для слушателей, с которым они могли бы взаимодействовать. Моё свидетельство становилось мостом для тех, кто его слышал, предоставляя им возможность быть причастными к нему через пожертвования или через желание их сердец, чтобы оно могло стать их частью, потому что в этом суть свидетельства. Свидетельство предполагает дублирование. Это заставило меня взглянуть на свой собственный путь и на то, как я активировал свои духовные глаза, чтобы видеть. Я осознал, что важно говорить о том, как мы видим, с теми, с кем мы идём вместе, и вернуть это к основам. Я искренне желаю, чтобы у людей было основание, с которым они могли бы взаимодействовать, в то время как я бы поддерживал их способность видеть.

Есть две ключевые проблемы, из-за которых у людей закрыт доступ и способность к видению:

А) Религия

Б) Конфессия

## А. РЕЛИГИЯ

Павел говорит во **2-м Послании к Коринфянам 3:14**: "Но умы их ослеплены: ибо то же самое покрывало доныне остается неснятым при чтении Ветхого Завета, потому что оно снимается Христом."

Эта завеса — дух религии, который настолько укоренился в Церкви, что мы приняли этот образ мышления и применяем его в своей жизни. Это закрыло для нас врата для видения и участия в Царстве Божьем и создало доктрину, согласно которой не каждый человек может видеть. Эта доктрина не соответствует Писанию.

В процессе взросления нам приходится освобождаться от религиозных систем убеждений, которые мы приняли и которые говорят об истине, отличной от той, которую говорит нам Яхве, когда мы общаемся с ним посредством Духа.

В **Евангелии от Иоанна 3:3** мы читаем: "Иисус сказал ему в ответ: истинно, истинно говорю тебе, если кто не родится свыше, не может увидеть Царствия Божия."

Если мы рождены свыше, то обладаем способностью видеть. Истина спасения заключается в том, что это не просто религиозная молитва о спасении. Спасение — это встреча с Иешуа, который является новым и живым Путем.

В **Послании к Евреям 10:19-20** сказано: "Итак, братия, имея дерзновение входить во святилище посредством Крови

Иисуса Христа, путем новым и живым, который Он вновь открыл нам через завесу, то есть плоть Свою.”

Это дает нам способность и возможность войти в Него, чтобы начать открывать полноту, которая является нашим уделом. Если мы сводим спасение к нашему уровню понимания, который связан с религиозным духом, структурой и системой, то основой нашего спасения будет искусственная молитва, которая все еще работает благодаря милости Яхве, но не дает нам способности видеть. Это то, что мы должны полностью осознавать, когда вступаем в отношения. Мы должны откреститься от религиозных систем верований, концепций и идей.

## Б. КОНФЕССИЯ

Второе, что мешает нам видеть — это учение, основанное на нашей неспособности видеть из-за завесы, покрывающей наше сердце. Это приводит нас к исповеданию того, что мы не можем видеть, и тем самым формирует наше положение среди  творения, поскольку в новый день мы вступаем через частоту слов, произнесенных накануне. Как результат, мы не можем видеть.

В **Притчах 18:22** мы читаем: “Смерть и жизнь — во власти языка, и любящие его вкусят от плодов его.”

Внутри себя мы должны признать тот факт, что мы можем видеть! Каждый человек во Христе, сказавший “да” этому путешествию, является новым творением, посаженным с Иешуа на небесах. Мы можем активировать нашего духовного человека, что дает нам способность видеть все, что есть в Царстве Божьем. Это реальность, но если мы уже выбрали какую-либо существующую религиозную систему, которая работает против духовных встреч, мы должны обновить свой разум. Происходит конфликт между тем, кем мы являемся как сыны, посаженные на небесах, и необновленным разумом, который сопротивляется истине, которую открыл нам Яхве. Если мы не будем постоянно взаимодействовать с истиной, мы будем возвращаться к традиционным моделям поведения и будем подстраиваться под религиозные структуры, полагая, что не можем видеть.

Активация нашего духовного зрения требует работы и усилий, чтобы построить основу и фундамент для раскрытия в нас Его Царства. Для этого необходимо освободиться от религии и созерцать тайны, которые Иешуа хочет открыть, участвуя в них и каясь. Слово "покаяние" не означает "извинение", как это принято в мире (эта система мира и мораль человека испорчены из-за действий Люцифера). Покаяние — это созерцание всех тех явлений, которые разворачиваются в Царстве Божьем, ибо то, что мы видим, тем и станем. Если мы просто попросим прощения как это принято, то это будет лишь вопросом времени, когда нам придется снова каяться и просить прощения за то же самое. Просить прощения — это процесс, который держит нас в рабстве, вместо того чтобы созерцать и участвовать. Видеть то, что разворачивается для нас как сыновей в Этом Дне — вот что преображает нас.

Творение, в центре которого мы посажены как сыновья, является значительной частью нашей жизни. Ключевым компонентом управления творением является видение. Когда мы слышим слово "видеть", мы берем все имеющиеся у нас знания об этом и применяем их к нашей мистической жизни. Затем мы не оправдываем своих ожиданий и разочаровываемся, в результате чего нам приходится проходить нелегкий путь из-за того, что не оправдались ожидания, которые у нас были.

Мы должны понять, что такое видение. Когда мы

9

начинаем созерцать с позиции сына, мы должны стереть все шаблонные идеи или концепции, которые у нас есть относительно видения. Они должны быть удалены из нашей памяти, потому что этот подход не сработает. Если мы будем использовать то, что существует и связано с естественным миром, для связи со сверхъестественным, то это всегда будет не соответствовать тому, что Яхве определил для нас в области истины. Когда мы взаимодействуем со сверхъестественным, мы должны прежде всего понять, как мы созданы и сформированы. Когда мы начинаем ориентироваться на то, кто мы есть, мы видим, как происходит гармонизация, которая открывает для нас врата. Тогда мы можем участвовать, видеть, управлять и контролировать из нашей позиции власти, так что все меняется не только в нашей жизни, но и в творении.

Мы представляем собой существо, состоящее из трех компонентов: тела, души и духа. В Церкви нас учили, что мы видим через дар, называемый пророчеством. Это удивительный дар, и в мистическом сообществе мы видели моменты, когда сыновья пророчествовали — находясь в других измерениях — и это приводило к масштабным изменениям. Дар пророчества в обычном мире связан с религиозной структурой церкви и, как мы это понимаем, превратился в один из камней преткновения для мистического сообщества из-за закона первого упоминания. Когда мы видим, что что-то происходит в жизни человека, будь то негативное или позитивное, мы используем дар пророчества и говорим: "Брат, я вижу это в тебе." Затем мы начинаем говорить с позиции этого дара этому человеку о том, что мы увидели. Если мы находимся в организационной структуре и используем дар пророчества, это приведет к тому, что другие, не имеющие этого дара, будут думать, что они не видят, потому что не пророчествуют. Они начнут думать, что им нужен дар пророчества, чтобы видеть.

По мере того как я проходил этот процесс, я видел, как Яхве открывает мне истину, и мне приходилось видеть ее такой, какая она есть. Иногда мы пытаемся оправдать именно те вещи, которые стали завесой в нашей жизни и не дают нам видеть. Система научила нас видеть, маскируясь под истину, которая оказалась несовершенной. Нас учили видеть снаружи, пропуская информацию через глаза и помещая ее внутри себя, но Иешуа учил видеть изнутри наружу. Способность видеть и созерцать должна приходить через Иешуа. Когда Он был в позиции творения, Он моделировал, как выглядит Сын, восседающий на небесах в этом творении. Он жил, двигался и пребывал в Царстве Божьем, но также находился и здесь, в творении. Он действовал изнутри того, кем Он был, наружу.

Если кто-то говорит, что не видит, значит, он признался себе, что двадцать врат внутри него, находящиеся в его трех-компонентном существе, которым он является, бездействуют. Эти двадцать врат, дающие нам способность способность видеть, находятся в нашем теле, душе и духе. Из-за учений, доктрин и умонастроений Церкви люди считают, что могут видеть только через одни врата — глаза. Все остальные врата ждут, чтобы мы вступили с ними в контакт и активировали их, чтобы мы могли видеть и воспринимать через них. Мы должны вступать в контакт со спасением, а не с молитвой о спасении.

# А. ДУХ

Дух человека, который находится в теле, имеет восемь врат:

Молитва
Почитание (глубокое уважение к Яхве)
Вера
Надежда
Поклонение
Откровение
Интуиция
Страх Божий

Выделение времени на взаимодействие и исследование этих восьми врат, открывает возможность созерцать и ведет нас в нашу душу, в которой также есть врата.

На земле не так уж много истинных молитв. Религиозные молитвы ничего не изменяют! Молитва на языках — это молитва в духе, которая связана с нашим духом. Эти врата открываются в следующие врата и следующие, пока не откроются в область души.

Взаимодействие через веру и надежду также открывает ворота.

Поклонение приводит к преображению. Это не просто пение нескольких песен в воскресенье, которые посвящены нам, нашим проблемам и ожиданию наполнения, потому что мы пришли в церковь пустыми. Поклонение — это не просто пение песен, а образ жизни, демонстрирующий творению нашу близость и единение с Яхве и всем тем, что находится в Царстве Божьем, которое проникает в нас из каждого уголка. Религиозная система и структура научила нас, что пение Яхве — это поклонение, но это стало потолком, потому что религиозный дух знает, что если мы познаем эту истину, то в творении произойдет трансформация.

Откровение — это то, что открывается нам не только через учение. Речь идет о том, что мы посажены и находимся в сфере Царства, и все, с чем мы взаимодействуем, преобразует нас, и мы становимся откровением для всего творения. Откровение — это не "момент озарения", а то, что мы становимся откровением, которое является вратами, открывающими доступ к нашей душе.

Интуиция — это способность понимать что-либо инстинктивно, без необходимости сознательного рассуждения. Нас не нужно убеждать, потому что мы преображаемся, находясь в Царстве Божьем, и внутри того, кем мы являемся, мы инстинктивно знаем, что то, что мы делаем, является истинным в рамках нашей роли и положения в творении.

Страх Божий — это благоговейный страх, дающий нам возможность управлять вместе с Яхве. Это не тот страх, о котором мы говорим, находясь в рамках религиозной системы и структуры. Если мы примем такую структуру, то никогда не увидим лик Яхве, потому что в нас укоренился страх.

Большинство из нас, как верующих, должны раскаяться за то, как мы воспринимали нашу душу. Мы чувствуем, что наша душа — это самая большая проблема в том, кем мы являемся на земле, и в нашей способности быть сыном, посаженным на небесах, и то пренебрежение, которое мы проявили по отношению к своей душе, должно быть исправлено. Нам нужно отказаться от некоторых вещей, о которых мы упоминали, чтобы увидеть позицию сыновства, к которой мы призваны.

## B. ДУША

В душе мы имеем следующие семь врат:

Совесть (моральное чувство добра и зла)
Рассудительность
Воображение
Разум
Эмоции
Выбор
Воля

Когда я начал почитать врата воображения, они открылись для меня, чтобы я начал созерцать Царство Божие.

## C. ТЕЛО

В нашем теле есть пять врат:

Зрение
Слух
Осязание
Обоняние
Вкус

Когда мы отдаем должное процессу, происходящему в нашем теле, эти пять ворот открываются, и поток, идущий изнутри, начинает выливается в творение. Именно тогда мы становимся точкой перехода от Царства внутри нас к проявлению в творении снаружи и оказываем огромное влияние на ту область, где мы правим, царствуем и управляем.

Мы должны почитать свои врата и начать взаимодействовать с сущностью того, кто мы есть, чтобы поток исходил из глубины нас и из сфер Царства, которые находятся внутри нас. Сферы Царства не "где-то там", которые приходят через чудеса, они находится внутри нас. Когда мы начинаем пребывать в этом месте единения с Яхве и все, что есть в Царстве, начинает проникать через пространство того, кем мы являемся, мы начинаем получать доступ к нашему духовному человеку, и тогда восемь врат активируются и открываются для потока в нашу сферу души, и мы начинаем видеть и созерцать то, что происходит в душе, что активирует и открывает семь врат, которые, в свою очередь, протекают и активируют пять врат тела, поскольку мы почитаем наше тело здесь, в творении. В тот момент, когда мы начинаем открывать врата наших глаз или врата чувств, они начинают течь, как потоки живой воды, воздействуя на творение. Все это начинается с осознания того, что происходит внутри нас.

Когда мы начинаем уважать этот процесс, мы понимаем, что больше нет никакого пренебрежения ни к одной из частей нашего существа, потому что в момент пренебрежения все выходит из равновесия, и тогда мы не можем видеть. Мы должны почитать каждые врата, чтобы привести их в соответствие, и тогда, когда они активируются, они создадут основу для того, чтобы мы начали видеть.

Дух 8 врат

Душа 7 врат

Тело 5 врат

Итого 20 врат

Если свести эти двадцать ворот к их низшей математической форме, то они равны двум. На иврите Beyt означает "дом", и эта буква имеет гематрию, равную двум. Мы всегда были предназначены для того, чтобы быть домом. Мы — дом, скиния и место обитания Божества, врата которого ждут, чтобы увидеть трансформацию, происходящую в нас, когда мы находимся посреди творения, чтобы мы могли начать высвобождать и раскрывать все то, чем мы становимся там, здесь.

В **Евангелии от Матфея 6:10** мы читаем: "Да приидет Царствие Твое. Да будет воля Твоя и на земле, как на небе."

В Церкви мы молились этой молитвой, но не имели откровения о том, откуда придут небеса. Мы все еще ждем, что однажды они придут через галактики, звезды и планеты, через чудо, потому что мы создали прекрасную атмосферу поклонения. Мы можем получить проблеск золотой пыли и начать смотреть на знак, забыв, что знак указывает на то, Кто мы есть и через Кого все это приходит.

В большинстве случаев я вижу через ощущения. Я почитаю эти врата, которые связаны с четырьмя другими вратами того, кем я являюсь в своем теле. Они связаны с семью вратами моей души, которые соединены с восемью вратами моего духовного человека, связанного с функциями управления, которое на мне, поскольку я сижу с Ним на небесах во Христе. Благодаря моему положению в Иешуа все начинает выстраиваться и создавать основу, сквозь которую я вхожу, чтобы ощущать и видеть. Все это произошло благодаря почитанию врат чувств.

Люди говорят, что они что-то почувствовали, но они хотят увидеть. На самом деле они просто увидели, но поскольку они не почитали врата чувства, было допущено нарушение, которое выводит все из калибровки, и они начинают чувствовать вещи физически только потому, что продолжают ориентироваться на физический мир.

Когда я нахожусь в месте управления, я осуществляю управление через веру. Мой духовный человек связан с Верой и Надеждой, которые являются как Существами, так

16

и законами. Существо Веры пришло и вступило со мной в контакт, и когда я почтил это чувство, все остальные врата пришли в соответствие и создали основу, так что когда я начал созерцать его, все начало раскрываться благодаря моему почитанию.

Вера становится для нас вратами, через которые мы можем приобщиться к небесам и увидеть их.

**Послание к Евреям 11:1:** "Вера же есть осуществление ожидаемого и уверенность в невидимом."

Другими вратами в нашем духе является надежда. Вера и Надежда соединяются вместе, чтобы дать нам возможность созерцать духовно. Когда я почтил Веру и Надежду, когда они соединились в единый каркас, они дали мне возможность созерцать через него то, где Яхве поделился со мной некоторыми тайнами Своего Царства. Когда я начал почитать это, путь, которым была Вера, позволил мне войти внутрь и расположиться там, чтобы через свое воображение созерцать то, что Яхве открывал. Если мы правильно управляем своим телом, то наше воображение должно быть вратами, которые назидают все, что приходит из Царства. Если мы не управляем своим телом правильно или смотрим то, что не следует смотреть, или чувствуем то, что не следует чувствовать, и эти врата испорчены, то наше воображение будет испорчено. Тогда мы можем задать себе вопрос: "Вижу ли я так, как должен видеть?" Если мы управляем правильно, то наше воображение будет освящать все, с чем мы взаимодействуем.

Когда я прохожу этот процесс и двадцать врат соединяются вместе, они создают каркас. Вера — это огромная часть моего участия в Царстве, и у меня невероятные отношения с Личностями Веры и Надежды, но в рамках этого процесса зрелости и его прохождения моими начальными вратами в эти сферы является моя вера. Когда мы делаем шаг в Веру и начинаем идти с Верой, мы создаем проход, который дает нам доступ, так что нам не нужно каждый раз выполнять обязательный набор ритуалов вхождения в Царство через Веру, но теперь мы можем начать идти по этому пути благодаря зрелости, которую мы имеем как сыны.

Когда мы с женой только купили нашу недвижимость, я получил ключи, и мне пришлось перебрать всю связку, чтобы найти правильный ключ. Как только я нашел его, я смог получить доступ через ворота, и не успел я оглянуться, как в эту входную дверь стало так легко войти и пройти, не особо задумываясь о том, что я делаю.

В процессе прохождения через упомянутые ворота мы входим, определяем формат взаимодействия и можем занять свое место в управлении, потому что мы не полагаемся на внешние форматы. Мы должны уметь входить, вступать в контакт. В рамках этого процесса зрелости мы должны дойти до того места, где мы определяем формат взаимодействия, и наш союз с Сущностью Веры и всеми остальными вратами должен быть настолько согласован, что мы можем войти туда в одно мгновение, без необходимости тратить время на подготовку атмосферы посредством молитвы, медитации и поклонения. Я — сын. Я узнал о вратах, они раскрылись, я вошел в них, и теперь, когда я вступаю в это место как сын, я провожу время с Отцом и общаюсь с Ним, даже если я все еще нахожусь здесь.

Мы не имеем права говорить себе, что мы не видим! Видение приходит через желание и веру. Вера — это реальность. Когда к Иешуа пришел отец и попросил помощи для своего сына, он попросил Иешуа помочь его неверию. Он знал, что то, что говорит Иешуа, — правда, и он знал, что для него и его семьи существует сфера, которая является их уделом, но ему нужна была помощь с его неверием, потому что он знал, что вера — это сфера, которая может открыть исцеление. В тот момент, когда он это сказал, Иешуа исцелил его сына, потому что для отца открылось это царство, и он увидел, как умножаются плоды в той сфере управления, которая была на нем.

Об этом говорится в **Евангелии от Марка 9:24**: "И тотчас возопил отец младенца и сказал со слезами: Господи, я верую; помоги моему неверию!"

Для меня, как сына, сидящего с Отцом во Христе на небесах, почитающего свое тело, душу и дух, почитающего то место, где я нахожусь и откуда управляю, эти врата открываются, и я начинаю видеть, как это устанавливается, и вижу, как проявляются плоды.

# Глава 2

## Способность видеть (Линди)

Так много людей задают мне вопрос: "Как я могу видеть?". Ян рассказывает о видении, и в особенности о разделении души и духа. Многие упорно работают над этим вопросом, желая научиться чувствовать разделение души и духа, но сталкиваются с трудностями. На самом деле мы родились с этим разделением, но в процессе попыток стать этими духовными существами, людьми, которые могут видеть, потеряли радость. Если мы потеряли радость, мы потеряли все, потому что радость Господня — наша сила. Если мы потеряли нашу силу, мы потеряли все в своей способности видеть и делать то, что Яхве хочет, чтобы мы делали. Я родилась видящей. Впрочем, каждый из нас родился видящим.

В **Псалме 90:5** говорится: "Не убоишься ужасов в ночи, стрелы, летящей днем".

В этом месте Писания говорится о ночном ужасе. Детский фильм "Корпорация Монстров" — это реальная история, потому что эти демонические существа входят через ворота или дверь в наш дом или в нашу комнату и пугают нас по ночам. Единственная цель ночного ужаса — закрыть нашу способность видеть, как плохое, так и хорошее. На протяжении всего моего детства меня пугало то, что я могла увидеть. У моего старшего ребенка не было ночных кошмаров. Второму ребенку было пять лет, когда он несколько раз ночью будил меня, говоря, что ему страшно. Мой младший ребенок тоже говорил, что ему страшно ночью. Когда мой средний ребенок был немного старше, мы вместе посетили Англию и я рассказывала ему о ночных страхах. Он вспомнил о своих переживаниях в детстве и что однажды он увидел, как по стене из вентиляционных отверстий ползли какие-то существа. Как результат он закрылся и потерял способность видеть. Я сказала ему, что мне жаль, что я ругала его за то, что он меня разбудил, на что он ответил: "Просто я всегда мог видеть!"

Мы должны быть осторожны, чтобы не отказываться от хорошего вместе с плохим, потому что все, что выходит за рамки физической "нормы", мы относим к той же категории "страшных вещей" и не хотим этого. Мы должны помнить, что мы способны видеть! Зачем видению открывать для нас свои двери, если мы не почитаем свою способность видеть? Почитание — это дверь, поэтому, когда мы говорим, что можем видеть, все царство поворачивается и открывается для нас. Двери зрения, воображения и видения царства находятся рядом с нами, и когда мы говорим, что не можем видеть, все это закрывается и разворачивается от нас, пока мы не будем готовы повернуться и посмотреть на это.

Иногда мы не знаем, как мы на самом деле "видим" в Царстве Божьем. Недавно я увидела нечто, и меня спросили, видела ли я это физическими глазами или духом. Я ответила, что не знаю, потому что для меня эти два явления стали одним, но я почитаю оба. Когда я почитаю оба, они поворачиваются ко мне и представляют себя, и тогда я начинаю видеть их как физическую материю.

Иезекииль видел голографические изображения, которые превратились в твердые объекты, когда он увидел колесницу в первой и десятой главах, потому что он смотрел на них через сотворенный Яхве свет. Он видел волны определенной частоты, и когда он обратил на них свое внимание и посмотрел на них через сотворенный свет, волны начали изменяться в результате наблюдения. В квантовой физике говорится о том, что наблюдение играет ключевую роль, поскольку определяет превращение волны в материю. Вера же есть осуществление ожидаемого и уверенность в невидимом. Когда мы смотрим на дверь с намерением, надеемся на нее и уделяем ей внимание, мы начинаем видеть волны и частоты двери. Она начинает превращаться в физическую материю, которую мы можем реально ощутить.

Однажды, когда я летела дальним рейсом, я начала переживать видение и в духе вышла за пределы самолета. Я увидела под ногами помост и начала отталкиваться от облаков и турбулентности. Я делала это верой, видя, как выглядит турбулентность в облачных образованиях. В дальнейшем, когда я летала, я отталкивалась от облаков и турбулентности, и это перешло из разряда "веры" в реальную физическую материю. Я отталкивалась и буквально чувствовала турбулентность, когда отталкивала ее. Я практиковала это верой много раз, прежде чем действительно почувствовала это физически. Каждый раз, когда я входила в эту сферу, под моими ногами оказывался помост.

Иезекииль наблюдал духовную встречу, которая стала материей, потому что он измерил ее посредством сотворенного света и воплотил ее в существование. Это означает, что вера — это вещество того, на что мы надеемся. Наблюдение важно, потому что, когда мы наблюдаем что-то через сотворенный свет, оно обретает материю. Если мы не будем наблюдать через сотворенный свет, оно никогда не обретет материю. Многое из того, что мы видим, выглядит коряво и несовершенно, потому что мы не наблюдаем как следует, и вместо этого мы отмахиваемся от этого, говоря, что это было лишь наше воображение, и поэтому оно не обретает силу, потому что мы не видим. Яну Клейтону не нужно проходить через те процессы, через которые проходят другие, чтобы увидеть, почувствовать, потрогать, потому что он делает это уже много лет. Он может и не повернуться к чему-то, чтобы посмотреть на это, а я поворачиваюсь, потому что я очень тактильный человек, и мне нужно видеть и чувствовать, поэтому я поворачиваюсь, чтобы посмотреть. Когда я вижу духовную энергию вокруг человека (я могу увидеть вспышку света), я смотрю на него и, прежде чем говорить, я обращаю свое намерение и наблюдение к нему, смотрю на него и говорю ему: "Ангел, я знаю, что ты здесь". Дверь открывается, потому что она знает, что я хочу вступить в контакт, ангел обретает форму, и я вижу, как он выглядит. Дверь открывается шире, и я начинаю видеть других ангелов и другие вещи вокруг них. Я никогда не сбрасываю со счетов этот опыт. Я придаю ему форму и содержание путем наблюдения. Так я научила себя постоянно видеть.

Много лет тому назад, в силу своего прошлого и того, чем увлекалась моя семья, я постоянно видела демоническую сферу. Для меня было обычным видеть демонов и духов, и это было страшное время подъема на горы, с которых меня сдувало, и столкновения с сумасшедшей погодой. Но это было и захватывающее время, и мне нравилось изгонять демонов. Они боялись меня, потому что во мне был Иешуа. Мне было невероятно легко заглянуть в эту сферу, потому что я родилась видящей. Я попросила Яхве открыть мне глаза на ангельское царство. Я была выходцем из старой церкви, где говорилось, что нам не разрешается общаться с ангелами, за исключением трех, упомянутых в Слове, и все это было основано на страхе. Я немного нервничала, заглядывая в эту сферу. До этого момента я видела Иешуа физически и некоторых ангелов, но девяносто девять процентов моей повседневности составляли демоны. Это было удивительно, когда я начала практиковаться, и мне пришлось заново учиться видеть, потому что для меня было естественно видеть демоническую сферу. Теперь мне нужно было научиться взаимодействовать с ангельским миром, чтобы иметь возможность увидеть его и отбросить демоническое. Когда я это сделала, я поняла, что они перестали проявляться вокруг меня.

Много лет назад Ян преподавал тему "Знакомые духи", рассказывая о том, как мы сами создаем своих демонов. Знакомые духи привязываются к нам благодаря тому, что они получают доступ к нам из поколения в поколение через клеточную память. Когда мы рождаемся свыше, во **2-м Послании к Коринфянам 5:17** говорится: "Итак, кто во Христе, тот новая тварь; древнее прошло, теперь все новое."

Когда я родилась свыше, я проснулась на следующее утро, и мое тело было таким же, как и накануне. Мой дух был тем же самым, потому что он дан нам Яхве, так что же изменилось? Это была моя душа, но в Церкви и в процессе освобождения нас учат, что именно с нашей душой нужно иметь дело. Нас учат, что нет ничего доброго в плоти, и мы постоянно терзаем душу, но Писание говорит, что теперь все новое. Моя старая душа исчезла, так почему же моя новая душа проявляет те вещи, с которыми мне приходилось иметь дело до спасения?

Я поняла, что это клеточная память поколений шепчет мне на ухо, вызывая в памяти проблемы, связанные с неприятием, с которыми я выросла. В своей письменной родословной я увидела, как это происходило в 1802 году. Как только я обратила свое внимание на частоту неприятия и посмотрела на нее через созданный свет, она приобрела физическую форму, и неприятие стало во мне демоном, которого я должна была изгнать из себя. Лучшее, что я когда-либо делала, — это училась входить в свою нить ДНК, извлекать то, что выглядело как темные шарики или пятна, идти к Престолу Благодати, омывать их в крови Агнца, каяться за то, что позволила частоте отвержения внедриться в мою ДНК, и когда она прекрасным образом преображалась, я снова вводила ее в свою нить ДНК и начинала искупать и освобождать себя.

Я проводила с одним человеком сеанс освобождения и изгнала демона, который был совсем небольшим, просто череп, который смотрел на нас. Когда мы посмотрели на него, я отметила, какой он маленький и сколько проблем он ей доставил. Она сказала, что не может в это поверить, но пока она смотрела на него, в ней поселился дух страха, и она сказала: "Но я все еще так боюсь его". В тот момент, когда она это сказала, на наших глазах он вырос из черепа в двухметрового демона. Она только что вырастила своего собственного демона! Как она это сделала? Она обратилась к знакомому духу и отдала ему свое внимание.

Часто, касаясь вопроса видения, мы все еще обращаем внимание на царство знакомых духов. Мы должны быть осторожны с духом, с которым раньше имели дело и который нас беспокоил, так как это влияет на наше видение. Многие из нас видят неправильно, потому что застряли в старой эпохе. Мы знаем, что вошли в новую эпоху, в которой всё изменилось и стало новым, но всё ещё можем оставаться в старых методах, применяя новую терминологию:

• Старый способ пророческого видения
• Старый способ быть заступником
• Применение этих способов в новых практиках

Мы слышали заявления о том, что пятикратное служение закончено. Оно не закончено в том смысле, что его больше нет, но оно закончено в своей нынешней форме, потому что Яхве собирается поднять его в ту форму, в которой оно должно было быть. В настоящее время пророческое движение находится в состоянии разрухи, и Яхве говорит, что Он исправит это.

Существует старая модель, которая показывает нам, как

видеть. Она показывает нам, что грядет и каким будет будущее. Она повествует о начертании зверя и о том, как нас будут преследовать. Когда мы обращаемся к пророчеству, мы обращаемся к этому повествованию, смотрим на него, оживляем его и начинаем говорить. В данном случае пророческая модель не отошла от старой, но как-будто по-прежнему смотрит через дверь знакомого духа и проповедует то же самое.

Я занималась тем, что мы называли "попкорновым пророчеством". В комнате собиралось две-три сотни человек, и мы пророчествовали над каждым! Иешуа никогда так не делал, но мне было жаль людей, которые пришли в ожидании слова. Через некоторое время я чувствовала, что пророчество от меня отходит, и тогда я шла на поклонение и пела на языках, пока не чувствовала, что вхожу во что-то. Сама того не зная, я обращалась к их знакомым и они говорили мне, что у человека была трудная жизнь и что с ним происходили определенные вещи. Я слышала это и обращалась к человеку, который смотрел на меня и говорил: "Откуда ты это знаешь?". Тогда я говорила: "Господь сказал ...." и ободряла их.

Само по себе это было не так уж и плохо, но не оказывала ли я давление на их будущее, *олам*, вечное, призывая в их жизнь нечто, чего не было так, как будто это уже есть? Само явление объясняется с помощью квантовой физики: я выделяю их частоту из их свитка и показываю ее им. Моя плоть хотела благословить всех, но я слишком много уделяла внимание общению со знакомыми, и я покаялась за это. Старое пророческое движение имело свои способы получения видения и в течение трех лет я практиковала этот подход. Мне пришлось отучить себя от этой практики, сказав Яхве, что я не буду пророчествовать, пока не увижу ясно, что получаю из *олама*. С тех пор, как я это сделала, прежде чем у меня появляются пророческие слова, я либо вижу что-то очень четко, либо вижу сон. Как правило, это как-то выделяется и показывает мне, что грядет, так что я могу сказать: "Так говорит Господь Бог Всемогущий, это грядет." Или я беру то, что вижу в будущем, и притягиваю это в настоящее.

Использование старых подходов мешает нам видеть по-новому, и мы должны просить Господа помочь нам увидеть. Наше желание видеть — это компас нашей сущности и нашего сердца. Писание говорит в **Псалме 36:4**: "Утешайся Господом, и Он исполнит желания сердца твоего." Яхве дает нам компас и уважает это. Нам необходимо активировать наше сердце и активировать наши желания. Если мы постоянно говорим, что не видим, то так проявляем неуважение к Святому Духу, который находится внутри нас. *Руах хаКодеш* дышит в нас, чтобы давать нам способность видеть, но из-за нашего неуважения, Он отключается.

У большинства из нас есть периферийное зрение, связанное с нашей способностью видеть что-то краем глаза. Возможно, из-за страха мы решили не смотреть на то, что увидели, но это было наше видение. Мы должны осознанно вернуться к нему и, определив частоту или волну, шагнуть к нему. Затем, заглянув внутрь, мы зададим вопрос, что мы видим. Если это что-то демоническое, мы можем справиться с ним, но если нет, то мы можем вступить в контакт.

Однажды мы с Яном обедали с группой людей. Когда мы болтали между собой, я увидел вспышку света позади Яна. Я повернулась к ней и уделила ей внимание. Это все о нашем компасе — активировать центр желаний, потому что мы хотим видеть. Когда я это сделала, то увидела Существо, стоящее позади Яна, и это был не его ангел. Тогда Ян повернулся, чтобы посмотреть за спину, посмотрел вверх и вниз на то, что он увидел, и продолжил есть. Увидев, что я улыбаюсь ему, он просто кивнул головой и сосредоточился на еде.

Как это произошло? Это произошло через желание. Я увидела это, он почувствовал, признал, осознал и продолжил свои дела. Компас внутри нас должен быть активирован через почитание, чтобы мы могли начать видеть. Яхве призывает нас к зрелости. Он собирается совершить нечто впечатляющее на земле.

Несколько лет назад у меня жил приемный ребенок. Он — мальчик из племени зулу и вокруг него витало много духов предков. Когда ему было около десяти лет, было время, когда он рычал на меня каждый раз, когда проходил мимо меня! Я смотрел на него, а он вел себя как обычный мальчик, но что-то в нем было такое, что мне совсем не нравилось. Я стала возлагать на него руки, когда он спал, помазывала его маслом и просила этих сущностей покинуть его. Однажды ночью он резко поднялся, посмотрел мне в глаза и сказал: "Мне это надоело". Я спросила: "Что надоело?" "Все!" — прорычал он и снова заснул, как обычный десятилетний ребенок.

Я знала, что должна избавиться от того, что беспокоило его изнутри. Через несколько дней он потерял контроль над собой и начал крушить мою кухню и столовую. Моя дочь пришла посмотреть, что происходит, и через его голову я сказала ей: "Мы должны сделать это сейчас". Я никогда не хотела изгонять бесов из десятилетнего ребенка, а это было необычное и специфическое событие. Она держала его, а он кусал ее, пока мы изгоняли бесов. Мы лежали на полу в кухне и боролись с этим ребенком, а когда закончили, он встал и сказал, что может видеть. Он мог видеть ясно. Он сказал: "Мамочка, я боюсь спать в своей комнате, потому что я боюсь этих темных людей в моей комнате. Я хочу спать в твоей комнате, потому что мне нравятся светлые люди.”

Я взяла с собой своего семнадцатилетнего сына и сказал ему, что мы избавимся от темных человечков в его комнате. Мы вошли в комнату, и я увидела, что они стоят в четырех углах. Я сказала сыну, чтобы он изгнал их из комнаты. Он посмотрел на меня и сказал: “Мама, я их не вижу!”. Я могла бы сказать ему: “Все в порядке, я сделаю это”. Нет, как мать я говорю: “Прекрати! Открой глаза и посмотри на них!” Он моргнул и сказал: “Я их вижу”. Затем он выгнал их из комнаты. Вот так я научила своего семнадцатилетнего сына видеть.

Мы должны верить в то, что видим, вместо того чтобы позволять себе не видеть. Я верила в то, что видела, и верила, что мой сын тоже видел, и верила, что десятилетний ребенок видит что-то. Это происходит от активации желания. За все время своей жизни я ни разу не сказала, что не могу видеть. Но вот что я сделала в ущерб себе, так это попросила Бога прекратить все сны, которые я видела. В то время у меня были маленькие дети, и из-за того, что я не высыпалась по ночам, я очень уставала. Когда я это сделала, мне семь лет ничего не снилось.

Когда мы говорим, что не видим или не хотим видеть, есть процесс семи лет, в течение которых мы, возможно, не будем видеть и не будем видеть сны. Я знаю одного псалмопевца, который прошел через это. Он закрыл эту дверь для себя на семь лет, потому что он не проявил почитания, и только спустя время дверь снова начала медленно открываться. Если мы пренебрегли даром, мы можем обратиться к Судье, чтобы его снова открыли для нас.

Я попросила Мариоса Эллинаса научить команды наших центров, как взаимодействовать с Честью. Это один из поворотных этапов следующей фазы и эры, в которую мы вступили во время пандемии. Когда мы выйдем из этого состояния, мы вступим в Новую Эру. Мы не можем быть незрелыми, потому что это помешает нам войти в нее. Пришло время разобраться с нашими проблемами и перестать прятаться за обидами. Все так или иначе были ранены Церковью. Если мы решим свои проблемы и просто будем жить дальше, эти вещи не будут нас беспокоить.

Зрелость требует, чтобы мы чтили каждое видение, которое было у нас, и работали через него, чтобы Яхве мог показать нам, что Он хочет сделать с нами. Мы живем в "мгновенном" обществе, где нам нужен мгновенный доступ ко всему. Мы переживаем видение, а затем ищем следующего. Но смысл видения не в этом. Мы должны переживать их снова и снова и не тратить впустую. Если ворота открылись, и мы почтили центр желаний и прошли через него, то они всегда будут открыты для нас и ради нас, чтобы показать другим, как туда войти. Зрелость требует, чтобы мы не тратили эти видения впустую.

В **Евангелии от Матфея 25:23** мы читаем: "Господин его сказал ему: хорошо, добрый и верный раб! в малом ты был верен, над многим тебя поставлю; войди в радость господина твоего."

Приобретя эту способность видеть и переживая новые видения, вы попадаете в место радости, радости Господа, радости Учителя. Это радостное переживание! Если вы потеряете радость от встреч и видения, вы потеряете все. Некоторые люди логичны и требуют определенных шагов, которые должны быть предприняты чтобы открылась дверь и они могли войти. Но этот процесс все равно требует веры. Это должно быть сделано верой. Ее нельзя потрогать, она не осязаема. Вера — это мистика, но также и Существо, поэтому, когда мы обращаемся к Вере и любим ее, Вера поворачивается к нам и начинает приводить закон веры в гармонию с нами, и как только происходит соединение, расстилается ковер благосклонности, и Существо Благосклонности начинает показывать нам что-то. Мы должны знать Веру и мы должны взаимодействовать с ней.

Благодаря намерению нашего сердца, нашему компасу и нашему желанию, оно начинает показывать нам в физическом проявлении то, что мы хотим. Мы не должны тратить наши встречи и наше зрение на поиски следующего видения. Давайте наслаждаться путешествием. Мы должны быть верны в малом, чтобы стать властителями многого. Этот путь открывает перед нами многие сферы и делает нас сыновьями.

## АКТИВАЦИЯ

Закройте глаза и представьте свою входную дверь. Опишите себе эту дверь до мельчайших деталей. Пройдите через дверь и войдите в свой дом. Осмотритесь. Как он выглядит? В своем воображении опишите свой дом.

Я хочу сказать, что вы не находитесь за дверью, но можете ее описать. Ваша способность использовать воображаемую дверь жива и здорова. Теперь верой вы пройдете сквозь завесу Его плоти. Я много раз делала это верой, пока однажды не вошла и не почувствовала на своем лице что-то похожее на мембрану, и я протиснулась на другую сторону.

Отец, мы благодарим Тебя за Твою милость и благодать, когда мы отправляемся к Твоему престолу.

Сегодня, когда мы находимся перед Престолом, Отец, мы просим Тебя: если в нас есть какое-то нечестие, если мы сделали что-то неправильное на этой неделе, что не исходит от Твоего престола, мы просим Тебя простить нас и освободить нас. Мы каемся и благодарим Тебя за то, что мы можем ходить в свободе.

Теперь мы будем молиться о тех, кого мы знаем, кто может нуждаться в исцелении или утешении, и сообщим им об этом.

Закройте глаза и пройдите сквозь завесу Его плоти, которая является новым и живым путем, по которому мы входим к Престолу благодати. Когда мы верой переступаем через завесу, мы выходим из своего естественного тела и верой входим в эту комнату или место. Это тело, которое похоже на нас. Нас там нет, мы здесь, но оно похоже на нас. Много раз люди видели мое естественное тело, но я даже не в той стране.

Возьмите свое естественное тело и встаньте перед этим человеком, помолитесь за него и возложите на него руки, чтобы высвободить то, в чем он нуждается. Когда вы это делаете, обратите внимание на то, во что он одет, где он находится, что его окружает. Это часть обучения видению. Вы должны научиться доверять тому, что видите.

Теперь пройдите через завесу Его плоти в сферу Его Царства. Теперь мы можем смело подойти к престолу благодати. Вдохните Его имя. Верой увидьте Его, стоящего перед вами. Вдохните Его частоту, задержите ее и выдохните.

Вдохните небесную частоту и удерживайте ее.

Выдохните — Йод Хей Вав Хей.

Вдох.

Выдох — Йод Хей Вав Хей.

Мы активируем *Алеф*, сидящий в верхней части груди, — дыхание.

Теперь мы возьмем свое естественное тело, которое является частью наших шести тел, и со скоростью мысли подойдем к этому человеку и посмотрим на него. Не говорите, что вы их не видите! Вы их знаете, так представьте их себе. Если вам трудно это сделать, посмотрите на их фотографию. Глядя на них, молитесь за них.

Если они нуждаются в исцелении, возложите на них руки и скажите: "Отец, я высвобождаю исцеление для них". Наши руки — это ворота, которые впускают Царство Яхве и исцеление в их тело.

Если вы молитесь об утешении или финансах, молитесь над ними и отпускайте их. Йод Хей Вав Хей.

Посмотрите, во что они одеты, и начните осматривать комнату. Ваш аромат и ваша частота также находятся в этой комнате, и они знают, что вы там.

Высвободите изнутри себя все, что хотите, — исцеление, деньги, работу и т. д. Молитесь над ними и прикасайтесь к их телу от макушки головы до подошв ног; от *Кетер* до *Малхут*. Мы выпускаем в комнату аромат Иешуа и оставляем в ней свой мир и благословение. Пусть оно коснется всех, кто там находится.

Теперь мы выйдем обратно.

Я рекомендую Вам позвонить им и спросить, видели ли они Вас, или рассказать о том, что Вы видели. Они могут сказать, что не были одеты в это или не находились в том месте, которое вы описали. Это нормально, потому что вы учитесь обращать свое намерение к двери и открывать ее, чтобы она могла вступить с вами в контакт. Поскольку вы чтите встречу и дверь, вы активизируете дом желаний. Если у вас не получилось, просто скажите, что попробуете еще раз, потому что вам нужно продолжать активизировать зрение и способность входить и делать что-то.

Ходатайство — это обращение к текущей ситуации и

игра в догонялки с тем, что уже произошло, вместо того чтобы привнести будущее в настоящее, чтобы не быть застигнутыми врасплох. Мы не должны говорить, что нам нужно больше молиться! Мы знаем, как молиться, почему это должно быть труднее? Это старая школа христианства. Мы хотим проникнуть в будущее и перенести его в настоящее.

Существуют верхние воды и нижние воды — верхний *Мем* и нижний *Мем*, которые являются зеркальным отражением друг друга. Если нижний *Мем* находится в хаосе, это означает, что верхний *Мем* не прошел через *Тиферет* (через наш живот) и не разобрался с проблемами, чтобы привнести мир и равновесие в происходящее, в том числе и в наших странах. Когда в нашей стране царит беспорядок, это происходит потому, что нижние воды отражают верхние воды, а мы, *экклесия*, находимся в беспорядке! Мы получаем то правительство, которое заслуживаем, потому что оно отражает то, что мы делаем. Если бы мы действовали как истинные, зрелые сыны, то правительство должно было бы начать отражать то, что происходит на небесах.

Я хочу, чтобы мы бежали по стенам наших городов.

Я брала карту и раскладывала ее для своих оракулов. У нас есть цари, священники, законодатели и оракулы. Мы — цари, мы заботимся о народе; мы — священники, мы возносим это перед Отцом; мы — законодатели и принимаем законы, которые видим; но оракул смотрит в *олам* и берет то, что видит, и переносит это в настоящее.

Это зрелый сын, Богочеловек. Это единственный новый человек.

Я становилась на колени перед картой и смотрела на границы каждой страны, видя через ворота воображения, как на границах каждой страны возвышаются высокие стены, а затем я становился на эту стену. Находясь в естественном состоянии, я вдруг обретала физическую материю и видел Вождя Воинства Господня. Я спросила Его, есть ли у меня разрешение бегать по стенам вместе с ним и рассчитывать на его помощь. Он дал мне разрешение. Затем я увидела на стенах всех остальных воюющих ангелов и других ангелов, которые тоже перемещались по стенам стран и всматривались в них. Я стала перемещаться по стенам вместе с ангелами. Я ни о чем не молилась и не говорила: "Господи, избавь меня от этого президента." Вместо этого я сказала: "Отец, я молюсь, чтобы Ты послал Своих воинствующих ангелов, чтобы они пришли и принесли мир на эту землю и проявили милосердие к этой земле."

Это заставляет меня вспомнить **Книгу пророка Иоиля 2:9**: "Бегают по городу, поднимаются на стены". Давайте вместе возьмем карты наших стран и встанем на стены.

Одна моя знакомая сказала мне, что Яхве сказал ей, что мы должны молиться за Эстонию. Я посмотрела на карту и увидел, что это крошечная страна, которая раньше была частью России, но получила независимость. Я взяла Эстонию и поместила ее в свое сердце, и каждый раз, когда я думал об Эстонии, я говорила: "Эстония, я люблю тебя."

Когда я говорю это, я вижу страну Эстонию в своем сердце, и я чувствую ее, потому что она находится во мне. Мы стали выходить на стены и, делая это, попросили Вождя Воинства Господня послать ангелов-воинов, чтобы они снова защитили границы от вторжения, и только тогда обнаружили, что пошли слухи о новом вторжении, и вот в течение трех месяцев после такой практики Великобритания вдруг послала 800 солдат на границу Эстонии, чтобы защитить их.

Я хочу, чтобы вы взошли на стены своей страны. Я хочу, чтобы вы снова увидели, как она выглядит в реалиях

Царства. Посмотрите на границы своей страны и увидите, как поднимаются стены. Я хочу, чтобы вы верой приобщились к этому и позволили этому стать материей. Встаньте на стену, и я хочу, чтобы вы увидели Вождя Воинства Господня.

Вождь Воинства Господня, мы чтим тебя и хотим поблагодарить за то, что мы находимся на стенах нашей страны. Мы чтим тебя и спрашиваем, можем ли мы собраться вместе и соединиться с тобой ради нашей нации?

Теперь начинайте движение по стенам, по кругу, по дуге вместе с ангельскими сонмами. Отец, мы просим Тебя послать на эту страну (назовите свою страну) воюющих ангелов, чтобы они вышли и сделали то, что они должны сделать, чтобы привести страну к послушанию, плодотворности и миру. Мы высвобождаем их на наши народы.

В каждой нации есть много проблем, и мы не будем перечислять их все, но вы можете попросить ангелов освободить ее. Вам не нужно этого делать, они сделают это. Мы посылаем воюющих ангелов от нашего имени, чтобы принести мир на землю.

Смотрите, как прямо сейчас посылаются воинствующие ангелы, как они устремляются, берут меч Духа, свитки и начинают говорить с нужными людьми, чтобы изменить то, что происходит в вашей стране. Воевать стало намного проще и интереснее, чем раньше! Отец, мы высвобождаем ангелов и берем на себя обязательство выходить на стены.

Я активирую ваше зрение и способность видеть. Устремитесь к своей Нации, почувствуйте стены и высвободите ангелов. Я хочу, чтобы вы делали это верой, создавая ее и творя материю. Увидьте себя на стенах и ангелов, выходящих наружу, в единстве с Верой и Законом Веры, так что

Благосклонность задействуется и раскатывается перед вами, как ковер. Мы благословляем наши народы, выходя на стены, объединяясь и неся мир, как армия Иоиля.

Ваша страна взывает к зрелым сыновьям, а не к младенцам и людям, которые все время паникуют и реагируют. Мы несем мир и хорошую политику, мы несем то, что хочет Яхве.

Йод Хей Вав Хей.

Мы высвобождаем финансы в нашем государстве. Мы высвобождаем мир и правильных людей в правительстве. Яхве ставит людей и убирает их. Мы благодарим Тебя за ангелов, которые разоблачают зло и кричат о нем с крыш домов, разоблачая коррупцию. Мы стоим вместе с ангельскими сонмами на стенах нашей страны и управляем ею как зрелые сыновья. Именно здесь все творение поворачивается и смотрит на вас и начинает проявляться. Оно ждет вас. Не только Земля ждет вас, но и ваша собственная плоть ждет вас. Я только видела вспышку в студии, и когда я повернулась и начала говорить о творении, это ангельское Существо проявилось прямо передо мной, потому что я обратила на него свое внимание и почтила его. Это почитание открыло дверь, потому что желание моего сердца открылось через почитание.

Творение никогда не кричало так громко, как кричит в это время. Сыновья, пришло время созреть и управлять. Мы не должны отвлекаться на эту пандемию, потому что подобные вспышки происходят каждые сто лет. Мы переживем и эту, но мы должны управлять, не позволять себе отвлекаться, а обратить свое внимание на Яхве, стать единым разумом и принести на землю то, что Он хочет, чтобы мы принесли, активировав наше зрение и способность видеть. Не хвататься за старых знакомых и старые способы видения, но определить, чтобы обратить наше внимание на дверь надежды и желания и через намерение создать материю из частоты.

# Глава 3

## Развернуть свою гору (Рик)

Когда мы ходим в духе, мы начинаем видеть действие, а затем видим плоды. Мы ценим каждую мелочь, которая в общей схеме вещей имеет огромное значение. Слово "гора" используется часто, но мы не всегда имеем полное представление о том, что это такое. Моя гора полностью изменила мою перспективу в отношении власти, которую я несу как в сфере Царства, так и в природной сфере. Мое свидетельство может стать вашей частью, когда вы почитаете его и верой войдете в него, чтобы начать видеть, как оно проявляется в вашей жизни.

Мы сидим и управляем с наших гор. Наше физическое тело — это скиния и место обитания полноты Царства Яхве, и поскольку мы занимаем стратегическое положение в творении, мы можем управлять событиями и видеть, как все меняется.

Когда мы начали выходить на стены наших городов, мы действовали с нашей горы. Верой мы активировали нашу гору, ступив на нее, и с этого места управления мы начали действовать. Такова функция нашей горы.

Поскольку мы находимся посреди творения, с нами связана наша гора и наша власть. Первое упоминание о "доме" в Писании (а это и есть мы) встречается в **Бытие 28**, где рассказывается о видении Иакова. В моих видениях у меня встречи с Иаковом, благодаря которым начали происходить некоторые изменения во мне и в моей личной жизни. В **Бытие 28:17** говорится: "И убоялся и сказал: как страшно сие место! это не иное что, как дом Божий, это врата небесные." До этого Иаков положил голову на камень, чтобы отдохнуть ночью. Во время этого видения Яхве начал говорить Иакову о тайнах и секретах Своего Царства, и когда видение закончилось, то сказал: "Это дом Божий, врата небесные". Дом означает место обитания, скинию или ковчег, а врата — место входа. Мы уже говорили о двадцати вратах, которые находятся в нас, поскольку мы стратегически размещены в творении.

Когда мы почитаем дом Божий, который есть мы, и почитаем то, что происходит в духовном плане, наша гора ждет нас в сфере Царства, куда мы можем попасть благодаря спасению, которое приходит через встречу с Иешуа. Как сыновья, сидящие там, мы видим, как все разворачивается для нас благодаря нашему желанию и стремлению, и мы можем начать исследовать нашу гору, которая возвышается над нами, соединяясь с тем, кто мы есть, как сыны, сидящие в творении, раскрывая тайну того, что происходит там, и повторяя ее здесь. Все дело во власти.

Существуют важные протоколы, которые мы должны понять и исполнить их, чтобы мы могли начать созерцать тайну, получить структуру и границы для нее, чтобы начать вступать в нее и видеть, как она открывается. Чем больше мы осознаем происходящее, тем большая трансформация происходит внутри нас и устанавливается Царство, которым мы являемся, тем больше мы исполняем свиток свидетельства, который Яхве приготовил для нас и исполнения которого от нас ожидает творение.

Многие из моих личных видений происходят на основе **Послания к Римлянам 8**. Когда мы созерцаем истину и видим ее такой, какая она есть, в нас происходит нечто такое, что мы не можем сдержать. Писание говорит об этом в **Послании к Римлянам 8:12-13**: "Итак, братия, мы не должники плоти, чтобы жить по плоти; ибо если живете по плоти, то умрете, а если духом умерщвляете дела плотские, то живы будете." Здесь говорится о зрелости и о том, что происходит внутри нас.

**Римлянам 8:14-19**: "Ибо все, водимые Духом Божиим, суть сыны Божии. Потому что вы не приняли духа рабства, чтобы опять жить в страхе, но приняли Духа усыновления, Которым взываем: "Авва, Отче!" Сей самый Дух свидетельствует духу нашему, что мы — дети Божии. А если дети, то и наследники, наследники Божии, сонаследники же Христу, если только с Ним страдаем, чтобы с Ним и прославиться. Ибо думаю, что нынешние временные страдания ничего не стоят в сравнении с тою славою, которая откроется в нас. Ибо тварь с надеждою ожидает откровения сынов Божиих". Когда здесь говорится о творении, мы не должны думать только о том, что нас окружает. Творение — это все, что было создано. Творение ждет, когда мы займем свое законное положение и откроемся как сыновья.

**Римлянам 8:20-21**, "потому что тварь покорилась суете не добровольно, но по воле покорившего ее, в надежде, что и сама тварь освобождена будет от рабства тлению в свободу славы детей Божиих." Нас учили обычно, что надежда — это принятие желаемого за действительное. Надежда, о которой говорит Павел, — это радостное предвкушение благости того, что Яхве собирается совершить в течение наших дней, что приходит через нас и наши ворота. Это то, что увидело творение.

Благодаря тому, что Иешуа совершил на Голгофе, Он стал для нас вратами. Он — наша точка перехода, наш Спаситель в Царстве Божьем. Кто является спасителем творения? Это мы! В этом месте Писания не говорится, что творение будет приведено в свободу славы во время вознесения. В Писании также не сказано, что творение будет приведено к свободе славы Иешуа, когда Он вернется. Писание говорит, что творение будет выведено из рабства тления и приведено в славную свободу *детей Божьих*. Именно поэтому мы уделяем такое внимание зрелости. Если мы правильно поймем это, то все остальное придет в свою славную свободу и волю благодаря тому, кем мы становимся. Я так страстно говорю об этом, потому что я был укоренен в системе. Система возлагает на Иешуа и Яхве власть и полномочия, которые должны быть на нас, и мы ждем, когда они что-то сделают, в то время как Писание говорит, что творение ждет нас!

Несколько месяцев назад я вел подкаст Origin Gate (www.origingate.com), рассказывая о **Послании к Римлянам 8**. После окончания эфира, я закрыл офис и когда я повернулся, то обратил внимание на свой задний двор. Из существа, которым я являюсь, исходил свет, и, насколько я мог видеть в этом свете, творение находилось в своем Первоначальном Состоянии. Я все еще пытаюсь понять, что именно я увидел, но могу сказать, что эта часть Писания перекликалась со встречей, которая разворачивалась через двадцать различных ворот, и я понял, что заглянул в надежду, которую видело творение и передавало мне, потому что она есть во мне. Нас учили, что творение — это внешнее, и мы находимся в нем вместе со всем, что нас окружает. Писание говорит, что все находится внутри Яхве, а в **Евангелии от Иоанна 17:21** Иешуа сказал Отцу: "Чтобы все были едино, как Ты, Отче, во Мне, и Я в Тебе, так и они да будут в Нас едино, чтобы мир уверовал, что Ты послал Меня." Это и есть полное единство. Пока я смотрел на творение, творение находилось внутри меня и понимало, что я осознаю происходящее. Я был преисполнен надежды, и творение сказало: "Рик, то, что ты видел, — это то, чем ты становишься." Оно увидело надежду, которая является радостным предвкушением того, что вот-

вот развернется.

Мы идем за этим, потому что отчаянно хотим увидеть, как разворачивается тайна для нас как сыновей, и если мы придадим значение происходящему, то это изменит не только нас, но и все, над чем мы восседаем. Когда мы преображаемся в процессе зрелости и в нас происходят изменения, мы ходим в творении, хотя творение находится внутри нас, мы ходим с пониманием того, что мы управляем со своей горы, которая возвышается над нами. Мы начинаем царствовать и управлять с этого места, через наше физическое тело, которое имеет множество составляющих, и тогда мы понимаем, что творение смотрит на раскрытие того, кем мы становимся, зрелыми сыновьями, берущими на себя ответственность, выполняющими работу, управляющими, входящими и наблюдающими за происходящей трансформацией, так что она трансформирует и нас самих. Мы знаем, что происходит в духовном плане, даже если это происходит по вере, и вот открывается проблеск, и творение показывает нам то, что оно видело, потому что оно смотрит на сына, который возрастает в зрелости, выводит творение из рабства тления и приводит его к славной свободе и подлинной сущности того, кем мы становимся. Это огромная ответственность.

Церковь и религиозный дух, поддерживающий религиозную систему, пытаются обесценить истину о том, кем мы являемся здесь как сыны. В Церкви мы не любим брать на себя ответственность, мы обвиняем всех остальных, включая Бога, но происходит сдвиг, и мы понимаем, что Писание говорит в **Псалме 113:24**: "Небо — небо Господу, а землю Он дал сынам человеческим." Если мы находимся здесь и там, то мы получаем возможность править и царствовать вместе с нашим Отцом.

Когда я начал понимать, что существует моя гора, в которую

43

я могу зайти, я был так взволнован и хотел узнать, как выглядит моя гора. Верой я прошел через этот процесс, пройдя через врата своего воображения. До этого я сидел над своей жизнью, регулировал ее и следил за тем, чтобы все мои врата были в гармонии, поэтому, когда открылись врата воображения, я знал, что они увеличат мою роль. Когда я расположился в своих вратах, я начал видеть, как разворачивается моя гора. Верой я начал видеть ее структуру, которая становилась все более четкой, а затем понял, что гора находится надо мной и в то же время находится внутри меня, образуя единство с творением. Я даже видел, как ангелы поднимались и опускались, когда я находился на своей горе, поскольку они возвращались, чтобы высвободить то, кем они являются во мне, и полномочия, которые возложены на мою жизнь в творении. Один из ангелов, казалось, отличался от других ангелов, и он сидел на моей горе, на месте власти.

Царство Небесное — это серьезное место, но Существа также любят удивлять и удивляться, когда видят, что мы вовлечены в этот процесс. Поднимаясь на свою гору, я знал, что должен занять место лидера, потому что, когда мы сидим на своей горе, все меняется. Мой ангел наблюдал за мной, и я начал общаться с ним, представился, и он заговорил со мной в ответ. В Церкви нас не учат разговаривать с ангелами, но в Писании так много мужчин и женщин общались и разговаривают с ангелами. Когда Петр пришел в дом, где молились верующие, они подумали, что там находится его ангел, но это был он сам. Когда я общался со своим ангелом, который сидел на моей горе, он встал, сдвинулся в сторону, прошел мимо меня и повернулся. Произошел момент, когда сын, сидящий в зрелости, прошедший через взаимодействие с видением, поднялся на свою гору и сел на нее. Когда я сел на свою гору, все внутри моей горы и все внутри творения, на котором я сижу, которым я управляю и царствую, повернулось и посмотрело на меня. Почет и уважение, которые исходили от всего, что смотрело на меня, были столь невероятны, потому что они видели меня на моем месте власти, которое было расположено внутри Иешуа. Поскольку я был в Нем, это давало мне власть вступать в свою функцию и положение, поэтому, когда творение видело меня, это было похоже на то, как если бы я был Отцом, восседающим на своей горе, чтобы править, царствовать и управлять. Это и есть ответственность.

В **Псалме 8:4-5** Писание говорит, "то что есть человек, что Ты помнишь его, и сын человеческий, что Ты посещаешь его? Не много Ты умалил его пред Ангелами: славою и честью увенчал его".

Когда все меняется, речь идет о том, что я провозглашаю и говорю в каждой области, над которой я восседаю, что приводит к изменениям, вместо того чтобы просто сидеть на молитвенном собрании и просить Бога действовать от моего имени. Эта молитва исходит от христиан, которые не достигли зрелости и поменяли дух на религиозную систему, что заставило их поверить в то, что между ними и Яхве существует пустота. Они уповают на дары и надеются, что их достаточно для преображения. Если бы они действительно работали, мы бы управляли из Царства Божьего последние две тысячи лет и не имели бы дела с тем, с чем мы имеем дело в настоящее время.

На земле наступает зрелость, когда мы занимаем место в сфере власти, понимаем свою функцию и восседаем на своей горе, где мы начинаем обозревать области, чтобы править, царствовать и управлять, высвобождая то, чем мы становимся в этой области. Исследуя эти сферы, я не просто хотел получить ответы на свои вопросы, я хотел стать ответом, не произнося ни слова, чтобы я мог проявить то, чем я стал. Нам нужны ответы, чтобы мы могли говорить об этом, чтобы люди услышали. Меня волнует моя функция сына, трансформация, происходящая во мне, и то, что творение увидело во мне. Из рабства и распада я превратился в сына.

Я занял место власти над определенной сферой, которая открылась для моего региона. Начинается все с управления нашим собственным домом, то есть с нашего тела, потому что если мы не можем управлять своим телом, то мы можем забыть о нации. Мы должны быть уверены, что мы сидим на своей горе, что мы прошли через этот процесс, что наши врата открылись, и мы можем верой идти в эти сферы. Мы получим задание и мы сможем начать высвобождать то, что видим. Во время ночной стражи я обходил свой регион и держал его в своем сердце, потому что мой пригород, город и страна находятся во мне, хотя я нахожусь в них, потому что мы посажены во Христе. Я увидел определенную сферу и подумал, что то, что в ней происходит — неправильно. Я все еще рос в зрелости, но чувствовал святой гнев и думал, что это должно измениться. Бывает, что когда мы что-то говорим и что-то делаем, то Яхве просто исправляет нас. Когда я посмотрел на эту проблемную ситуацию, я начал осуждать ее, и Яхве заговорил со мной и сказал: "Сын, та самая сфера, которую ты только что осудил, является истинным отражением недостатка твоего сыновства в этой сфере."

Яхве учил меня, что дело не в осуждении, а в преобразовании, благодаря тому кем мы стали! Когда мы смотрим на эту сферу и видим, что она не соответствует и не отражает истину того, что соответствует Царству, мы поднимаемся на гору, чтобы пройти через трансформацию — сколько бы времени это ни заняло — мы сидим в этом месте, и когда мы сходим вниз как сыны и смотрим на эту сферу, эта сфера посмотрит на нас и у нее появляется надежда. В чем заключается надежда? Творение может стать тем, чем стал сын.

Мы должны избавиться от старого образа мыслей и религиозного мышления, когда нас учат говорить над местностью "во имя Иисуса". Семь сыновей Сцевы делали это, и посмотрите, что с ними случилось, когда они начали повелевать демонами, не будучи расположенными в Иешуа. Мы должны быть посажены как сыны в нашем управлении.

Я общался с моим ангелом, который сидит над моей горой. Его зовут Сокрушитель. Он несет с собой что-то вроде молота и движется в согласии вместе со мной, в моем положении сына во власти, и когда я иду с поручением от Яхве, он начинает идти, сотрудничая со мной, и он начинает делать то же, что и я, и мы движемся вместе. Если мы находимся в видении на своей горе и не выяснили, кто наш ангел и где он сидит, то он будет на вершине нашей горы над нами. Мы должны соединиться с нашим ангелом и общаться с ним, представиться и он будет говорить с нами.

Когда я начал понимать, что в духовном плане разворачивается в моей горе, что связано с моим храмом, местом, где я нахожусь, я наткнулся на место Писания, которое всегда читалось особым образом, когда я был в церкви, во время молитвенного собрания. **Исаия 54:2** гласит: "Распространи место шатра твоего, расширь покровы жилищ твоих; не стесняйся, пусти длиннее верви твои и утверди колья твои". Существует разница между мышлением в церкви, когда мы молимся о том, чтобы Бог расширил колышки нашей палатки и заполнил место нашего собрания, и мышлением сыновей, сидящих в небесных сферах. Дело не в том, что Яхве что-то делает, а в том, что это делаем мы. Здесь говорится о том, что мы должны расширить наши шатры и раздвинуть покровы нашего жилища. Когда мы входим в этот процесс зрелости и начинаем в духе взаимодействовать с нашей горой, происходит согласованное движение. Благодаря нашему уровню зрелости и ответственности Яхве может доверить нам раздвинуть колышки нашей палатки.

Когда я начал этим заниматься, я понял свое физическое тело, я понял свой храм. Затем я начал понимать, что у меня есть духовная гора. Когда я входил туда и выходил обратно, то то, что преображало меня там, преображало меня здесь. Дошло до того, что я стал нести ответственность за эту конкретную сферу, где Яхве будет общаться со мной через совместный союз и отношения, и я понял, что могу растянуть колышек своей палатки и начать расширять регион благодаря своей зрелости и плодам, которые я видел. Когда я расширялся, расширялась моя гора и расширялось власть, пребывающая на мне. Я вышел из своего тела, из своего дома, из своего района, из своего города, из своей страны. В моем государстве произошли события, связанные с ответственностью и управлением, которое я взял на себя. Наша ответственность заключается в том, чтобы сесть над нашей горой, раздвинуть колышки палатки, чтобы мы могли начать править, царствовать и управлять творением, работая в соавторстве с Яхве.

Несколько лет назад в Южной Африке была самая сильная засуха за всю историю наблюдений. Дождей не было вообще, и пока я пребывал в духе, я смотрел новости. В них говорилось о засухе, и у нас были перебои с водой. Две недели спустя я сидел в своем офисе и разговаривал с Яхве, и я вспомнил о новостях о том, что у нас сильная засуха. Правительство ЮАР начало заключать сделки с другими странами на поставку воды. Внезапно я испытал праведный гнев. Я закрыл глаза и мгновенно оказался на своей горе в духовном мире, глядя на облака и океан. Я находился в своем месте в управлении моей горы. Впервые моя гора соединилась с горой Яхве, которая совершенна. Моя гора находится внутри Его горы, а Его — внутри моей, и все наши горы расположены внутри нас. Яхве начал говорить со мной и учить меня управлению. Он сказал: "Посмотри на эти облака. Творение ждет откровения сына". Я осознал мандат, я осознал ответственность и понял, что следующее мое действие либо приведет к тому, что либо продолжится засуха, если я уклонюсь от выполнения задания из-за религиозных убеждений, говорящих мне, кем я не являюсь, либо я могу переключиться на Гору Яхве, которая начала открывать мне задание и ответственность, которую я несу как сын, и ситуация решится. Выбор был за мной.

Я сказал: "Яхве, я готов". Я посмотрел на облака, которые являются творением, и они ожидали откровения сына, который находится в зрелом возрасте и сидит в позиции управления на своей горе. На меня снизошла власть, и я воскликнул: "Выходи!" Облака, которые являются живым существом, повернулись на голос и стали приближаться ко мне. Я сидел в своей горе, в своей позиции власти, сопряженной с горой Яхве, а облака шли на голос, который их звал. Затем я услышал удар и снова оказался в своем кабинете. Снаружи гремел гром и сверкали молнии, заставляя вибрировать окна моего кабинета. Пока я осмысливал произошедшее, я услышал, как по крыше моего кабинета стучат капли дождя. Я вышел на улицу и посмотрел туда, где я видел тучи, и это были те же самые тучи, которые я видел в своей горе, в месте власти, действующей в месте зрелости, надвигающиеся на мою усадьбу. Они начали надвигаться на нашу страну, и дождь шел четыре дня.

На мгновение меня охватило сомнение, и я проверил приложение погоды на своем телефоне, где говорилось, что в ближайшие несколько недель дождей не будет, и все же пошел ливень! Это был плод того, что сын, находящийся на своей горе, действующий с места управления, соединился с горой Яхве, и все пришло в движение. Каждая стратегически расположенная плотина в стране была заполнена. Через четыре дня та же новостная служба, которая за две недели до этого писала о засухе, опубликовала статью, которую они назвали "Четырехдневное чудо". Они не могли понять, как в считанные минуты что-то могло измениться: от прогноза погоды, в котором не предвиделось дождя, до ливня такого масштаба. Творение переходило из рабства тлению в славную свободу детей Божьих, и мы видим, как это происходит. Наши народы — это живая субстанция с границами и краеугольными камнями, а не просто земля, и они ждут, чтобы мы взошли на их стены и пошли по ним, будучи на нашей горе и соединяясь с горой Яхве. Все происходит, когда мы начинаем высвобождать и раскрывать то, кем мы становимся.

Этот храм, тело, в котором мы находимся, безупречен благодаря нашему положению в Иешуа, которое сразу же дает нам право на выполнение того задания, которое поручил нам Яхве. Это жизнь в капитуляции, истина спасения, вхождение во Христа — новый и живой путь — чтобы войти и созерцать все то, что является нашим уделом. Наша духовная гора, на которой мы соединяемся с нашим ангелом и где мы восседаем во власти, безупречна и соединяется с горой Яхве, которая совершенна. Для утверждения того, чем мы становимся в творении, которое оно видело и в которые оно преображается, важно чтобы безупречная, безукоризненная, совершенная гора, соединялась вместе нитью, втрое скрученной.

Что если мы возьмем на себя ответственность за свою жизнь, за свою гору, войдем в нее и начнем общаться с Яхве, преображаясь и трансформируясь в этом процессе? Каждое учение, которое мы слышим и которое приносит откровение, ведет нас к встрече, чтобы мы могли соединиться с учением на другой стороне. Если мы не будем этого делать, то станем более религиозными по своей природе, потому что эти учения дают знания. Если знание не ведет нас к духовным переживаниям, мы будем поступать религиозно и ожидать результатов.

Благодаря власти, которая возложена на нас, однажды мы не увидим ухудшения ни в чем, в том числе и в жизни. Павел говорит, что слава, почивающая на нас, постоянно возрастает. Мы можем изменить разрушение творения, которое сейчас находится в рабстве, и привести его к славной свободе и освобождению, чтобы, когда мы раздвинем колышки нашего шатра, благодаря нашему положению во власти, которую мы несем, творение могло перейти от славы к славе, как мы были преобразованы от славы к славе. Возможно ли, чтобы мы вступили в тот день, когда смерть перестанет быть вратами для входа людей в духовную сферу?

Я страстно желаю чтобы грядущим поколениям не пришлось планировать свой выход на пенсию, с надеждой пожить в свое удовольствие, прежде чем они умрут, потому что мы собираемся изменить и культивировать иной менталитет людей, и мы увидим плоды того, что они никогда не умрут. Как это будет выглядеть? Я понятия не имею, но я иду к этому! Если мы не сделаем этого, то мы не оставим наследия последующим поколениям. Когда мы что-то делаем и придаем ценность чему-то, что тронуло наше сердце, что-то происходит. Мы с женой взаимодействуем друг с другом так, как подсказывает нам Яхве, и это стало стилем жизни в Славе Божьей, потому что мы не можем превзойти Бога. Если мы не будем взаимодействовать, мы всегда будем жить с нашими обычными проблемами.

# Глава 4

## Взаимодействие со Своей Горой (Линди)

Истинное сыновство — это когда люди восстают как единый новый человек. Он не похож на грека или иудея, он похож на того, кто полностью покрыт, полностью поглощен и увлечен Иешуа, так что мы выглядим как Он, мы пахнем как Он, мы действуем как Он. Нет никаких различий, поскольку каждый полностью облачен во Христа, облачен в ум Христов и превращен в этого нового человека.

Когда я впервые увидела свои горы, я находилась в саду своего сердца, и когда я впервые вышла в свой сад, я посмотрела вдаль и увидел семь гор. Я пошла как новое Творение к горам и увидела, что в моей руке меч. На горе сидел дракон, и я смогла убить его своим мечом, чтобы сесть на свое место. Так начался процесс понимания мною моих гор и взаимодействия с ними.

Бог будет являть Свою славу из двух мест: из Иерусалима, с двенадцатью законами Иерусалима, и из Сиона, с двенадцатью законами Сиона. В книге Захарии рассказывается об Иисусе, первосвященнике, который вошел во двор в грязных одеждах, которые были с него сняты.

**Захария 3:7** говорит об этих законах: "так говорит Господь Саваоф: если ты будешь ходить по Моим путям и если будешь на страже Моей, то будешь судить дом Мой и наблюдать за дворами Моими. Я дам тебе ходить между сими, стоящими здесь." Слово "пути" в оригинале означает "законы", то есть двенадцать законов Иерусалима и Сиона, которые находятся на горе Яхве.

**Ефесянам 2:5-7**: "и нас, мертвых по преступлениям, оживотворил со Христом, — благодатью вы спасены, — и воскресил с Ним, и посадил на небесах во Христе Иисусе, дабы явить в грядущих веках преизобильное богатство благодати Своей в благости к нам во Христе Иисусе."

Наша функциональность в Боге наделяет нас силой становиться правителями, сидеть как зрелые сыны, цари и священники, законодатели и пророки, правящие и царствующие в Яхве.

Притча о талантах учит нас тому, как прийти ко власти. Из власти приходит покой, а из покоя — власть. Боб Джонс сказал, что это десятилетие покоя, что Яхве ищет народ, который находится в покое, чтобы Он мог найти в нем Свою обитель. Это не лень и не отпуск, потому что можно отдыхать напряженно или непродуктивно. Покой — это место, где мы отдыхаем, даже когда весь ад вырывается наружу, и находим свой шалом. Мы сосредотачиваемся на Нем, и это наше место покоя.

Гора Божья — это место господства, а также дом Божий и тронный зал Бога, где на вершине горы находится престол Яхве. В **Псалме 23:3-4** мы читаем: "Кто взойдет на гору Господню, или кто станет на святом месте Его? Тот, у которого руки неповинны и сердце чисто, кто не клялся душею своею напрасно и не божился ложно." Писание использует слово "в", а не "на", поэтому мы знаем, что гора — это не просто красивое место с растущими на нем деревьями и травой, а место управления. Всякий раз, когда мы видим слово "гора", то есть кто может взойти на гору или на холм Господень, это место, где Яхве восседает на Своем престоле. Тот, у кого чистые руки и чистое сердце, что является намерением его сердца, может взойти на эту гору, чтобы управлять вместе с Ним, сидя с Ним на этой горе.

В **Евангелии от Матфея 14:23** Писание говорит: "И, отпустив народ, Он взошел на гору помолиться наедине; и вечером оставался там один." Когда Он вошел в эту сферу управления и оказался лицом к лицу с Яхве, Он сказал, что будет делать только то, что скажет Ему Отец. Когда Он вернулся оттуда, Он был на горе и видел учеников на воде. Вполне возможно, что Он не был рядом с водой, чтобы увидеть учеников, но это означает, что в сфере управления горой, в которой Он находился, Он Духом видел, где были ученики. Это не обязательно означает, что Он сидел на физической горе и видел учеников внизу, на воде.

## Место Покоя Внутри Меня

Это то, с чем мы все боремся, потому что покой — это огромная проблема. Покой — это не то, что 21 век принимает или делает. Мы только что записали подкаст для нашего проекта "Эхо мудрости", и в нем я говорю о том, что у нас есть такой отдых, когда мы уезжаем в отпуск и возвращаемся, говоря, что мы измотаны и нам нужен отдых от нашего отпуска. Такие вещи называются "занятым отдыхом", а это не отдых. Что же такое покой? Как найти это место покоя? Где находится место покоя? Иногда мы можем сидеть и смотреть телевизор, и все равно не отдыхать, потому что наш ум активен и думает обо всех делах, которые нужно сделать.

У нас есть шесть тел.
Наше естественное тело, которое выглядит как мы сами и которое мы видим.
Наше физическое, плотское тело — тело, в котором мы

живем.
Наше духовное тело.
Наше земное тело.
Наше небесное тело.
Наше божье тело.

Все, что мы делаем, исходит из пространства внутри нас.
Мы — это пространство, а пространство находится в нас.
Эти пять тел достигают кульминации в божественном теле,
когда все наши тела работают вместе, понимают друг друга,
видят друг друга и постоянно соединяются друг с другом.
Божье тело — это тело, которое было у Еноха, когда все
его тела взаимодействовали друг с другом и он полностью
проявил божье тело. Духовное тело — это то, о котором
говорится в **Послании к Ефесянам 2:6**: "и воскресил с
Ним, и посадил на небесах во Христе Иисусе". Это место
становится нашим местом правления и покоя, находящимся
на вершине нашей горы. Божество Отца, Сына и Духа
находится там, так же как и мы в нашем духе, душе и теле, и
мы начинаем взаимодействовать вместе, глядя на Божество в
Божественном единстве и суверенитете. Так мы становимся
теми, кто ходит в божественном суверенитете и единстве с
Яхве. Мы восседаем со Христом на небесах в нашем месте
покоя, которое находится внутри нас.

Где это место находится?

Вот пример: мое физическое *плотское тело* находится
на земле, лежит в постели и спит. Мой дух и моя душа
вступают во взаимодействие с моим *духовным телом*,
сидящим со Христом на небесах, куда я вхожу через завесу
Его плоти, потому что Его кровь дает мне доступ, чтобы
я могла сидеть на месте покоя. Мое *естественное тело*
также может передвигаться по земле, как и мое *земное тело*
ходит туда-сюда по земле. Мое *небесное тело* находится над
звездами, солнцем и луной. Оно не находится под солнцем,

а занимается небесными делами. Это закон квантовой запутанности, когда мы разделяем два фотона, и когда один движется, другой движется синхронно с ним. Мое тело, которое лежит на кровати, начинает соединяться с этим духовным телом, и происходит квантовое запутывание.

Часто, когда мы чувствуем, что внутри что-то не так, мы на квантовом уровне связываемся с нашим духовным телом, которое обратилось, чтобы увидеть что-то, и наше естественное или плотское тело делает то же самое. Если воспользоваться старой церковной поговоркой, то мы говорим: "Мне не по себе", и это заставляет нас говорить на языках и переходить в режим сражения. Наше земное тело не похоже на наше естественное или плотское тело, хотя оно и есть мы. Оно в духовной форме движется по лицу земли. Если оно видит приближающееся землетрясение, плотское тело чувствует, что что-то не так. По-старинке мы говорим: "Я чувствую, что Святой Дух говорит, что грядет землетрясение." А что, если это наше земное тело поворачивается и смотрит, а в то же самое время наше физическое плотское тело поворачивается и смотрит, потому что мы вместе движемся синхронно?

*Руах хаКодеш* начинает сообщать мне, когда я перемещаюсь по земле в своем земном теле, о приближающемся землетрясении, так что мое плотское тело улавливает, что оно приближается, и я могу молиться и реагировать. Вот как я взаимодействую с различными телами. Возможно, что-то происходит на небесном уровне, и мое небесное тело обратится к небесному совету (не все туда имеют доступ). Я могу почувствовать, что что-то происходит на уровне звезд, что-то происходит в области атмосферы, на что я должна посмотреть, вступить в контакт и молиться на языках. Таким образом возникает взаимосвязь, соединяющая два моих тела.

Мое место покоя находится внутри меня, в моем животе.

Внутри нас есть пространство, которое я бы назвала кубом. Где я нахожусь, когда смотрю на этот куб? Я знаю, что я сижу со Христом на небесах и хожу туда-сюда по земле. Я обладаю небесным, природным и плотским телом, а мое божье тело действует изнутри, поэтому я могу поместить все эти тела в этот куб внутри себя. Это не то что снаружи, а внутри.

Без Иешуа мы должны исполнить все нормы закона, чтобы вступить в контакт с кубом. В Иешуа, благодаря Крови Агнца, он становится частью нас самих и находится внутри нас, так что мы активируем шесть тел внутри нас, которые также являются внешними благодаря квантовой запутанности. Весь куб находится внутри нас и выходит через нас, и таким образом мы действуем изнутри. Место покоя находится внутри нас, и из нашего живота текут реки живой воды.

Истинное правление и власть исходят изнутри. Мне нравятся некоторые древние книги, такие как *"Сефер Йецира"*, за то, как они связаны с тайнами и чему они учат. Однако, благодаря крови Иешуа, я теперь имею мгновенный доступ к этим тайнам, и я больше не нуждаюсь в исполнении каких-то обрядов. Мы правим и царствуем изнутри.

Царство находится внутри меня, но оно также является внешним по отношению к Нему. Я создана немного ниже Элохима, я полноправный сын, со всем функционалом. Вот почему Он смог сказать саддукеям и фарисеям в **Евангелии от Иоанна 10:34**: "Иисус сказал им в ответ: не написано ли в законе вашем: "Я сказал: вы - боги?"". Они возмутились, потому что Он назвал Себя богом. Иешуа был раввином и понимал закон и Писание, где сказано: "Вы — боги". Если кто-то проповедовал это в христианстве, его преследовали.

Единственный путь, благодаря которому я могу быть богом, немного ниже Элохима, — это когда во мне функционирует куб; когда все божественные тела функционируют во мне, когда есть понимание где мой трон, мое место покоя. Когда я рождаюсь свыше, Иешуа и *Руах хаКодеш* осеняют меня и помогают мне научиться управлять моим местом покоя. По мере того как я взрослею и расту в Яхве и учусь справляться со своими проблемами, со своей ДНК и со всеми этими вещами, я начинаю брать власть в свои руки и могу править и царствовать как сын, и Иешуа позволяет мне это, потому что Отец, Сын и Святой Дух и мое тело, душа и дух все время находятся в духе. Когда я смотрю и общаюсь с Яхве на расстоянии, глядя на Него, видя Его и ощущая Его запах, я перехожу к тому, чтобы смотреть на Него лицом к лицу. Я вижу то, что видит Он, я чувствую то, что чувствует Он, и я ощущаю то, что чувствует Он. Я слышу, что Он говорит, потому что нахожусь так близко и вдыхаю Его.

Когда я прохожу сквозь завесу Его плоти и вдыхаю Его, Он не далеко, Он прямо здесь, на расстоянии вытянутой руки. Все находится на горе Яхве, а Он восседает на троне. Место покоя находится внутри меня и устанавливает во мне Божье правление.

Я должна была разобраться с драконом на своей горе, убить его и затем сесть на свою гору. У меня также есть гора моего служения, как местного, так и международного, гора моего бизнеса и работы, гора моего творчества и написания книг, гора моей семьи, и есть определенные правительственные места, на которых мне разрешено сидеть. У меня есть седьмая гора, которой я еще не занималась, и это то, что я увидела, когда вошла в сад своего сердца.

## ПЕРВАЯ АКТИВАЦИЯ

Теперь мы займемся садом нашего сердца и постараемся увидеть нашу гору. Начнем с того, что проведем свое физическое, плотское тело через завесу Его плоти, вступая в Иешуа.

Йод, Хей, Вав, Хей.

Когда мы в Нем, мы живем, движемся и имеем свое бытие. Сейчас мы войдем в Божью реку, уносящую все тело и внутренний куб в сферы Его Царства. Я хочу, чтобы вы почувствовали себя стоящими в Божьей реке, которая течет от Его престола. Посмотрите на свои ноги и на воду, текущую прямо через вас. Там могут быть свитки, рыбы, камешки, золото, драгоценные камни или все, что вы видите, и вы можете подобрать их и отнести в свой сад или положить в свою гору.

Пройдите вверх по реке до водопада, а затем мысленно поднимитесь вверх по водопаду. На вершине вы выйдете на сушу, где перед вами будут ворота. Это может быть арка, деревянные ворота, закрытые или какие бы они ни были, я хочу, чтобы вы очистили их и открыли. Верой я хочу, чтобы вы прошли через эти ворота и вошли в закрытый сад вашего сердца.

Это место встречи и общения с Иешуа. Вы не принимаете туда проблемы или других людей, это не место общения для остальных людей, это место для вас и Иешуа, чтобы переживать близость и наслаждение. Оглянитесь вокруг, возможно, там есть вещи, которые вам нужно исправить и убрать, но об этом в другой раз. Здесь должно быть место, где вы можете сидеть, чтобы Иешуа общался с вами.

Я хочу, чтобы вы подняли глаза и увидели вдали свои горы. Я хочу, чтобы вы научились идти к этим горам. У каждой из них есть имена, которые придут к вам, например, гора вашего бизнеса, гора вашей семьи, гора вашей личности, гора вашего служения. Какими бы ни были эти горы, Яхве покажет вам, что они собой представляют, когда вы начнете восседать на своем месте или троне на вершине каждой горы. Если там есть дракон, то он там только потому, что вы не приняли на себя ответственность и управление, поэтому тем, кто сегодня занимается бизнесом, я говорю: идите на свою гору бизнеса и убедитесь, что вы убрали весь хлам, который там находится, потому что вы не заняли эту гору, чтобы вы могли сесть на это место и начать управлять своим бизнесом с места правителя. Возьмите меч Духа и разрубите дракона.

Я узнала, что драконам отрезают голову, отрезают лапы и ноги, а затем отрезают хвост. Если не отрубить хвост, то, говоря старым христианским языком, можно получить "обратный удар". Я также разрезаю живот. Каждый раз, когда я это делала, оттуда вываливались разные вещи. Однажды мне подарили детскую книжку о драконах, которую кто-то нашел в благотворительном магазине в Лондоне и которая была издана драконологическим обществом в нашем районе в 1600-х годах. Везде упоминался дракон; был дракон воды, дракон леса, дракон для разных вещей. В этой детской сказке они должны были пойти к дракону, а внутри его брюха в маленьком кармашке лежал свиток, и дети писали письмо, в котором говорили дракону, как сильно они его любят, и засовывали письмо в кармашек.

Они понимали, что дракон крадет твое наследство и крадет твой свиток, поэтому каждый раз, когда я видел дракона, я отрезал ему голову, ноги и хвост. Я знаю, что это может вызвать "обратный удар", потому что однажды я не отрезала дракону хвост, и в результате его коготь застрял у меня в голове и в глазу на две недели. Я больше не занимаюсь освобождением, потому что знаю, как обращаться в Суд Божий, но я попросила одну женщину помолиться со мной. Она сказала мне, что видит коготь дракона, застрявший у меня в голове, и я понял, что это результат того, что я не поступила должным образом с этим драконом. Если вы имеете дело с большим драконом, то вы можете прийти на Суд Божий и получить свое оправдание от обвинения против вас. Как только вы будете оправданы, он не сможет вас тронуть.

Я возглавила одну из церквей в Англии, и когда я вскрыла брюхо дракона, сидевшего на их горе, из его брюха выпало несколько скальпов. Обычно мы забираем сокровища, выпавшие из брюха дракона, потому что они предназначены для того, чтобы мы положили их в нашу гору или поместили в Стеклянном море для будущих поколений этой конкретной горы. Я спросил Яхве, что это такое, и Он сказал мне, что это скальпы людей, которых дракон съел и выплюнул, однако я должна остановить его. Я взяла скальпы и поместила их в Стеклянное море, провозгласил жизнь над теми, кто заложил работу до моего прихода, и в течение двух дней встретила одного из основателей этой общины.

У них происходили ужасные вещи. Люди болели, люди разводились, люди заболевали раком, и я смогла принести восстановление и мир на гору, так как Яхве сказал, что именно я остановлю это, и смерть больше не коснется этой общины.

Еще до того, как Рик начал встречаться с Мелани, Яхве сказал нам, что он будет нашим Тимофеем. Они поженились, мой муж ушел в вечность и я знала, что в течение четырех лет перееду в Англию, поскольку Яхве призвал меня переехать туда. Мы смогли ввести в работу Рика и Мел, поскольку изначально предполагалось чтобы он руководил работой здесь, а я поехала в Англию, чтобы начать там. Ангел-разрушитель, который есть у Рики, был тем самым ангелом, с которым я ходила, и когда я уезжала в Англию, я уезжала без него. Когда я приехал в Англию, я огляделась вокруг, спрашивая себя, где же ангел, а потом вспомнила, что оставила его Рику в наследство. Ян часто говорит, что вы упаковываете гору и распаковываете ее, но я оставила гору позади, вышла и начала новую гору, чтобы Рику не пришлось начинать все заново. Обычно вы даете своим детям для старта какое-то основание, на которое они могут опереться.

Я была в сфере Царства и видел эту гору Шило (Церковь), и я видела дракона в красной накидке, обвившегося вокруг этой горы. В его брюхе я увидела свиток, в который были вложены бриллианты, драгоценные камни и финансы. Я помню, как сказал себе: "Это работа Рика и Мел". Я двигалась вокруг горы, призывая: "Рики и Мел, гору нужно искупить!" На следующий день я позвонила Мел и спросила, где она находится, ведь я звала ее. Я рассказал ей о горе и драконе и о том, что они должны разобраться с этим. Через некоторое время Рики увидел дракона в красном плаще, убил его и открыл, что такое финансы и что Яхве нужно сделать в этой церкви.

Внутри нас находятся горы, и место покоя, на котором мы восседаем (эта управляющая гора), теперь управляет всеми нашими горами. Мы должны восседать на каждой горе и управлять ими. Наша гора, наше место покоя и наше управление движется вместе с нами и над нами. Когда кто-то смотрит на меня, он видит всю гору управления, которая находится во мне. Когда я говорю, другие признают власть и управление, которые находятся в моей горе и на ней. Мы должны пользоваться этой властью и этим местом покоя среди беспорядков, потому что, когда мы в покое, они в покое, земля поворачивается к нам, и ситуация становится спокойной. Место, на котором мы восседаем, действует как магнит и притягивает Божье обеспечение на гору и в нашу жизнь, поэтому мы должны разобраться с тем, что находится на горе, чтобы она могла притянуть обеспечение.

Финансовый поток исходит от занимаемой вами позиции, а не от отдельных людей, поэтому если у вас нет финансового потока, это означает, что вы не научились управлять своим местом покоя. Кто-то сказал мне, что способен найти обеспечение и изобилие в еде и других сферах, но не может найти изобилие для покупки нового автомобиля. Этот человек еще учится управлять из своего места.

Бедность — это дух и образ мышления, который может быть активирован в нас через клеточную память. Мой муж говорил, что может поверить Богу, чтобы путешествовать по миру, но все равно боролся со знакомым по поколениям духом бедности. Я занимаюсь тем, что пишу мемуары о том, какие безумные вещи мы делали, как мы путешествовали по миру без денег, как я открыла пять детских садов, не имея никаких средств, и как Бог обеспечил нас. Он сказал, что это был внутренний менталитет, который постоянно твердил о бедности, о том, что нельзя тратить деньги и нужно быть осторожным, но при этом он был самым щедрым человеком!

Он часто смотрел на церковный счет и говорил, что это не сберегательный счет и нам нужно тратить деньги на бедных, вдов и сирот, кормить беженцев. Бог всегда давал средства, но что-то внутри него боролось с ним и говорило, что мы не должны тратить все эти деньги. Знакомые духи, передававшиеся из поколения в поколение, постоянно пытались говорить с ним. Правая рука давала, а левая боролась и говорила: "Нет!" Это была неискупленная гора, за которую ему приходилось бороться и восседать на ней постоянно, чтобы подняться над умонастроением бедности.

На каждой горе есть место правителя, который содержит в себе план, являющийся руководством к действию, с помощью которого мы действуем на каждой горе. В **Евангелии от Луки 17:21** говорится: "и не скажут: вот, оно здесь, или: вот, там. Ибо вот, Царствие Божие внутрь вас есть."

Мы должны быть обучены Богом быть царями,

священниками, законодателями и пророками, потому что, когда мы начинаем действовать как цари, мы управляем всем вокруг нас. Как священники, мы занимаем положение перед Яхве, затем, имея законное основание, начинаем говорить, а затем, как пророки, мы извлекаем образы из будущего и приземляем в настоящем. Когда это происходит, это выходит из нашего места покоя. Помните, что если мы потеряли радость, то мы потеряли все.

Когда мы находимся в этом месте, нам нужно подчиниться ему, что означает, что мы сдаемся и это дает нам силу управлять. Со своего места власти (правительства страны) я смогла управлять определенными направлениями со своими командами в нескольких странах, и в одной конкретной стране я смогла управлять финансами, потому что Яхве дал мне право управлять этой страной. Это была бедная страна, финансы рушились, что означало, что бедные стали бы еще беднее. Мы начали управлять из нашего места покоя по нашему плану. Мы заняли место покоя на вершине горы управления финансами для этой страны. Яхве дал нам ориентир, на уровень которого мы могли бы поднять их валюту; когда я вошла во дворы царей, там был Мелхиседек, и он дал нам цифру и сказал, что мы не можем опустить ее ниже, чем 16:1 к британскому фунту.

В царстве я видела это иначе, чем на бирже, и график шел вверх зигзагообразно, потому что обычно он шел вниз. Со своего места я протянула руку, схватила график и начала тянуть его вниз с моего места правления. В течение девяти месяцев финансовый курс этой страны снизился до 16:1 по отношению к фунту стерлингов. Он оставался на этом уровне и колебался между 16:1 и 17:1 в течение примерно двух или трех лет, а затем начался COVID и он снова начал падать. Я подошла к Мелхиседеку и сказал: "Сэр, мне нужно знать, почему эта валюта падает". Он ответил: "Ты перестала им управлять, Линди. Вы успокоились, отошли и перестали управлять."

Когда мы управляем со своего места, мы должны оставаться управляющими, потому что это наша работа — сидеть и управлять! Я просто обожаю валюту, я буду говорить о ней с Яхве, я буду заходить в Интернет, чтобы посмотреть, где она находится в индексе, и управлять ею, чтобы она была там, где должна быть, потому что это моя работа. Во время COVID курс ухудшился, и я спросила Яхве, что мне делать, чтобы правильно управлять этой валютой ради народа и бедных, и Он дал мне разрешение управлять ею на уровне 19:1 по отношению к британскому фунту. Я так и поступила, и как царь и священник, и как пророк, я извлекла ее из будущего в настоящее. Три года назад валюта этой страны была лучшей валютой в мире. Это была не самая лучшая валюта, но самая эффективная, и недавно она снова была признана самой эффективной валютой в мире. Почему так? Имейте ввиду, что это бедная страна. Это потому, что кто-то сел на свое место, услышал, что происходит с народом, взял ответственность, разобрался с финансами, стабилизировал их, и теперь страна не терпит экономического краха. Вот что делает нахождение на своем месте покоя. Я работаю в этой сфере, потому что хочу такой ответственности.

Я хочу сидеть на своих местах покоя и управлять. Я и моя команда вошли в здание парламента другой страны, где Яхве дал нам право заниматься конкретной областью — моралью. Мы не имели юрисдикции над их политикой, но только над моралью в правительстве. Мы просили Отца разоблачать и кричать о нравственности с крыши.

Откуда я знаю, что мне дано это право управлять? Когда я была в своем новом доме в Англии, пророки собирались в понедельник утром в 10:00, молились на языках, говорили об Эстонии и других местах. Я спросила, знает ли кто-нибудь кого-то, кто является местным членом парламента, потому что я хотела попасть в здание парламента в Англии. Никто не был знаком ни с одним членом парламента. В среду я готовилась к поездке по стране, чтобы посетить ее вместе с Хабсом, когда услышала, как в почтовый ящик опустили письмо. Это было тисненое письмо из Палаты общин от нашего члена парламента, приглашающее меня познакомиться с ней поближе и совершить экскурсию по парламенту!

Примерно через два года я получила еще одно письмо, уже от спикера Палаты Парламента, который приглашал меня прийти с нашей группой и посмотреть, чем они занимаются. Дело дошло до того, что я смогла проголосовать на выборах в английский парламент еще до того, как стала гражданином страны. Другим людям, которые жили в моем доме и тоже получали гражданство, голосовать не разрешалось, но меня почему-то включили в число избирателей!

Яхве пытался показать мне что-то, потому что мое место позволяет мне иметь власть и позволяет мне вступить в сферы Царства, чтобы начать действовать с этого места покоя в качестве царя, священника, законодателя и пророка. Пришло время зрелости. Финансы и обеспечение приходят, когда вы находитесь на месте покоя. Средства на поездку в парламент пришли вместе с письмом о разрешении. Желание — это ключ. Мы должны иметь желание увидеть нашу гору, чтобы сесть на нее и управлять с нее. Желание рождает мечту, а мечта становится магнитом, который притягивает гору к нам.

Если мы испытываем трудности с нашими детьми, мы можем попросить Яхве показать нам гору нашей семьи. Мы можем сесть на эту гору, убить все, что на ней находится, и сесть на место покоя и управления внутри горы нашей семьи. Мы можем взять каждого из наших детей и поместить их в духе, внутри нашей горы. Мы можем хранить их свитки, их цели и любые пророческие слова над ними в нашем сердце внутри нашей горы. Писание спрашивает в **Псалме 23:3-4**: "Кто взойдет на гору Господню, или кто станет на святом месте Его? Тот, у которого руки неповинны и сердце чисто, кто не клялся душею своею напрасно и не божился ложно".

Мы можем войти в гору, туда, где хранятся наши свитки, победы и другие вещи, или поместить их в сад нашего сердца, или поместить их в Стеклянном море. Причина, по которой мы помещаем что-то в Стеклянном море, заключается в том, чтобы получить больше откровений. Помните, что наше желание, как магнит, притягивает к себе мечты и видения. Когда я держу своих детей в своем сердце, это притягивает полноту того, что Яхве имеет для них, в их собственные горы.

У нас уже должна быть гора управления, независимо от того, видели мы ее или нет, над нашим домом. Когда мы переезжаем, мы должны упаковать нашу гору внутри нашего сердца и взять ее с собой вместе с ангельскими структурами и всем тем, что мы развили во время пророчества, молитвы, сна и занятий. Когда мы переезжаем в новый дом, мы должны распаковать нашу гору, вытащить все из нашего сердца и начать действовать в нашем новом доме. Наша гора притягивает наше видение, свиток и все, что ей нужно. Иногда кажется, что люди не могут устроиться, потому что они не перевезли свою гору в новый дом.

В Англии я переехала в другой дом и все время смотрела на свой старый дом, думая, что он выглядит таким прекрасным. Мне было очень тяжело в новом доме, пока я не поняла, что не перевезла свою гору. Я поехала в старый дом и села в машине на улице. Я собрала свою гору, ангельские структуры и все встречи, которые там происходили, и положил все это в свое сердце. Я благословила дом и вернулась в свой новый дом, где распаковала свою гору, и все улеглось. Я вернулась в старый дом, чтобы забрать почту, и он показался мне таким пустым. В нем не было ни души, ни сердца. Процветание притягивалось к моей горе, где бы я ее ни распаковывала. Растения росли, сады были прекрасны. Каждый раз, когда я покидала дом, хозяева отмечали, что я оставляла его в лучшем состоянии, чем получала. Это из-за горы управления, которая возвышалась над моим домом, а также из-за встреч с людьми и видений, которые открывались людям, когда они спали. Кто-то спал в моей спальне, и все, что он слышал, — это жужжание. Над моей кроватью висела табличка с Йод Хей Шин Вав Хей, а у подножия кровати было изображение дерева жизни, и они могли видеть все мои встречи и то, с чем я вступал в контакт.

Иногда встречаются люди, которые пытаются поставить свою гору на вершину нашей горы, поэтому нам нужно научиться хорошо управлять. Однажды мне пришлось научиться входить в дух, чтобы сказать людям, что с меня хватит того, что они делают, и предупредить их, что если они не прекратят, то мне придется разбираться с ними в духе. Я сказала им, чтобы они отошли от моей горы и перестали пытаться управлять ею и заслонять её. Они сразу же ушли от меня, даже заблокировали меня в социальной сети Фесибук и после этого не общались со мной. Все это произошло в духе. Мы сидим как цари, поэтому другие не могут прийти и заслонить нашу гору.

Когда мы сидим на горе бизнеса, наша гора идет с нами в наш бизнес и привлекает финансы. Это может быть не наш собственный бизнес, поэтому наше благословение идет к этой компании, а не обязательно к нам самим. Грант Махони часто говорит, что мы должны начать с чего-то малого, чтобы мы могли распаковать нашу гору бизнеса, потому что у нее есть план и магнит, который притягивает финансы и обеспечение.

Вот почему мы любим обмениваться и дарить, потому что, обмениваясь, мы взаимодействуем в рамках концепции нашей финансовой горы. Я также взаимодействую на горе своей семьи, потому что я призываю их ко спасению. Я призываю для них хороших, благочестивых супругов. Я призываю для них прекрасных детей. Я призываю для них бизнес. В Псалме 37:25 Писание говорит: "Я был молод, а теперь стар; но я не видел праведника оставленным, ни потомков его просящими хлеба". Я вдова, которая говорит: "Отец, я буду действовать, потому что меня никогда не оставляли, Ты показал мне, каково это — быть моим мужем". Я взаимодействую с каждой горой, которую нахожу, потому что хочу получить часть истины, которая находится в этой горе, и при этом намерение и желание привлекают в мою гору обеспечение, чтобы я могла построить семейную династию. У нас есть семейная династия Дома Мастеров, и мы нарисовали свой собственный герб, потому что хотим развить наследие для последующих поколений. Я не хочу, чтобы моя внучка приходила ко мне и говорила, что ей нужно пойти учиться, а потом найти работу. Вместо этого я хочу, чтобы она рассказала мне, что она изучает, чтобы мы могли создать для нее рабочее место и наладить все так, чтобы она могла работать и создавать рабочие места для других людей. Я не хочу, чтобы мы продолжали бороться из-за семейных проклятий масонов и сломанных гор. Многие люди строят горы и теряют их, снова и снова, поэтому каждое поколение вынуждено пытаться восстановить эти горы. Я хочу, чтобы у нас была преемственность управления на горе нашей семьи.

## ВТОРАЯ АКТИВАЦИЯ

Пройдите через врата воображения и загляните внутрь себя. Если хотите, можете положить руки на свою грудь. Из живота вашего потекут потоки живой воды. Внутри вас находится место покоя. Вы сидите со Христом и прошли через завесу Его плоти, которая является новым и живым путем, по которому вы входите к Престолу Благодати. Смело подходите к престолу и просите о милости и благодати, чтобы помочь вам в трудную минуту. Этот новый завет написан Его кровью. Общайтесь с Ним и вдыхайте Его, глядя лицом к лицу, глаза в глаза, нос к носу, рот ко рту.

Вдох и выдох.

Вдохните и задержите дыхание, и выдохните.

Йод Хей Вав Хей.

Вдохните Его имя — ЯХВЕ. Выдохните Его имя — ЯХВЕ.


Приведите себя в место покоя внутри себя и постройте гору, взяв землю или кирпич и положив их внутри себя. На вершине горы я хочу, чтобы вы увидели трон. Сядьте на него, и если там есть дракон, отрубите ему голову, ноги и хвост, разрежьте ему брюхо и достаньте сокровища, которые там находятся, и поместите их внутри себя.

Яхве, мы восседаем со Христом на небесах в полноте Иешуа Машиаха, наши физические и плотские тела теперь соединяются с нашим духовным телом, и мы видим себя восседающими со Христом на небесах.

Йод Хей Вав Хей.

Увидьте место покоя и посмотрите, как покой течет в вас, когда вы управляете из этого места покоя. Вдохните покой

Яхве, потому что Он — Князь мира. Вы управляете из этого места покоя и тем самым начинаете притягивать к себе мир. Посреди суматохи вы сидите в мире и ощущаете покой внутренней стороной своего живота.

Я начала успокаивать верхние и нижние воды, так что хаос становится сбалансированным. Хаос нижних вод через землю и *малкут* поднимается через меня и создает равновесие, и *Мем*, вместо того чтобы стать хаотичным, становится сбалансированным.

Йод Хей Вав Хей.

Из этого места вы можете взять все сокровища, свитки, обещания и пророческие слова и поместить их внутри вашей горы и управлять из этого места. Если вы хотите сделать это для своих детей, то вырастите гору, соберите ее вместе, сядьте на вершине места покоя на вершине горы власти для вашей семьи и ваших детей и призовите их с севера, юга, востока и запада и поместите их в вашу гору. Вложите в эту гору Божьи обетования для своих детей.

Отец, мы благодарим Тебя за спасение и исцеление. Некоторые из них хотят забеременеть, обрести финансовую свободу, работу, освобождение. У некоторых из вас есть дети, которые выбрали путь, который вас не устраивает, и вы знаете, что это не план и не обеспечение Яхве для них, поэтому мы притягиваем истину о том, кто они есть, из Сиона. Скажите своим детям: "Вспомните свой путь обратно на Сион. Помните, кто вы такие. Помните, зачем вы прошли через *маззерот*". Мы движемся и действуем из места покоя, а не из места паники.

Йод Хей Вав Хей.

Некоторые из вас чувствуют необходимость свернуть гору над своим старым местом жительства или бизнеса. Я хочу, чтобы вы посмотрели на это место в духе, вспомнили, как оно выглядит, взяли гору и упаковали ее в свое сердце. Придите на свое нынешнее место жительства/работы и распакуйте гору над своей головой, сядьте на нее, позвольте первоначальному образу выйти наружу и привлечь обеспечение на эту гору. Мы чтим то место, которое покинули, но мы чтим и то, в котором находимся. У нас есть ангельские воинства, которые сидят на этой горе, и мы начинаем позволять всему, что необходимо, быть привлеченным на эту гору.

Сегодня, Отец, мы благодарим Тебя за то, что мы постоянно осознаем, что из нашего живота текут реки живой воды. Когда я сижу на своем месте правления и на своем месте покоя внутри себя, я выбираю помнить, что я всегда нахожусь там, управляя с этой горы, когда я начинаю действовать как зрелый сын Яхве.

Я хочу призвать вас нарисовать свои горы или записать, что они собой представляют и что они делают. Запишите пророческие слова и обетования, сядьте на свои места на каждой горе и управляйте своей горой.

Это время зрелости.

# Глава 5

## Созерцая Тело (Рик)

Мы должны находиться на своей горе и просить Яхве установить определенные вещи в нашей жизни. В этой работе может участвовать каждый, и если мы знаем, кем мы являемся, понимаем процесс и начинаем выполнять его, то увидим удивительные вещи.

По мере того как ваша гора разворачивалась и вы занимались ею, в вас начинала происходить активация. Я могу дать одно учение, но оно может иметь несколько назначений: обучение, активация или открытие. Задача этих учений — активировать вашу способность видеть свое положение сына и раскрытие своего потенциала.

Одной из самых серьезных проблем, с которыми я сталкиваюсь в жизни людей, является неуверенность в себе. Она проявляется тогда, когда мы находимся в преддверии прорыва и собираемся войти в состояние уверенности в своей идентичности, в утверждении того, кем мы созданы быть в творении. Неуверенность в себе становится помехой для тех вещей, которыми мы должны заниматься и которые мы должны исполнять. Мы должны возвыситься над этой неуверенностью, управлять ею, осознать и судить ее, обратившись в Божий суд, чтобы ее негативное влияние на нас было убрано и мы начали вступать в истину, которая освобождает нас. Мы не должны усложнять простоту Царства Божьего.

Несколько лет назад я столкнулся с этим, когда задавался вопросом о том, кто я такой. В нас так много всего сидит внутри, и услышать чужую историю — это хорошо, но нам нужно дойти до того места, где мы сами сможем с этим разобраться. Я начал жаждать, желая открыть некоторые вещи внутри себя. Я стоял в передней части зала во время поклонения, впереди были танцоры, вокруг меня происходило много событий. В моем сердце росло учение, которым я собирался поделиться после окончания поклонения, и вдруг звуки поклонения и танцоры стихли, и я стоял в тишине, созерцая этот образ, возникший передо мной. Когда что-то появляется в моем видении, я почитаю и созерцаю это, потому что знаю, что что-то должно раскрыться.

Чем больше я вглядывался в образ, тем четче он становился, и вот передо мной стоит человек. Атмосфера вокруг него изменилась, и благодаря кардиогнозису (знанию сердца) я понял, что это Иаков. Он настолько интересная личность, что преобразит и изменит вас, если у вас будет возможность пообщаться с ним. Он совсем не такой, каким его представляет Писание. Затем я увидел менору, которая повернулась на бок, проникая в его существо. Во время этой встречи в моей памяти запечатлелось множество важных деталей. Я видел, как менора внутри него превратилась в вибрирующее, электрическое, голубое пламя и как открылись семь сфер Царства.

До встречи с Иаковом я был увлечен менорой и семью сферами Царства и изучал их, читая Слово и другую литературу. Я занимался своими исследованиями и увлекался книгами, которые читал, и тут произошла эта встреча. По мере того как я общался с Иаковом, он начал исчезать и появляться, и каждый раз, когда он исчезал, я видел свой образ, как в зеркале, который становился все более четким. Та же самая менора с семью сферами Царства, которая была расположена в Иакове, была расположена во мне. Он отражал то, что происходило в нем, и показывал это во мне. Я смотрел на себя и не мог понять на том этапе своего пути, что сферы Царства Яхве располагаются во мне.

Мое стремление и желание сказать Яхве, что мне нужно понять, кто я такой, открыло для меня нечто. Иаков знал, что у него есть ответ на этот вопрос, и через встречу смог сказать мне: "Рик, я хочу показать тебе, кто ты такой". Именно так действует Царство Яхве — через желание, когда мы настраиваем себя на то, к чему у нас лежит сердце, мы приводим себя в движение, чтобы вступить в контакт с людьми, которые находятся в Царстве, будь то святые из древности, облако свидетелей, двадцать четыре старца, Существа или ангелы. Это создает атмосферу, позволяющую нам увидеть, каким будет отклик на наше желание.

В **Бытие 28:10-13** Писание говорит следующее: "Иаков же вышел из Вирсавии и пошел в Харран, и пришел на одно место, и остался там ночевать, потому что зашло солнце. И взял один из камней того места, и положил себе изголовьем, и лег на том месте. И увидел во сне: вот, лестница стоит на земле, а верх ее касается неба; и вот, Ангелы Божии восходят и нисходят по ней. И вот, Господь стоит на ней и говорит: Я Господь, Бог Авраама, отца твоего, и Бог Исаака. Землю, на которой ты лежишь, Я дам тебе и потомству твоему".

Когда мы читаем в книге **Бытие 1**, что "Яхве сказал", мы воспринимаем это через английский язык, поэтому читаем так, как есть, но как Яхве мог сказать то, что сказал, если в то время не было языка? Как Яхве говорил? Когда Он создавал небо и землю, Он не смотрел на них и не говорил: "Да будет свет" на английском языке. Он создал живые буквы, чтобы они, по мысли и желанию Яхве, высвободили частоту в творении, и все начало проявляться. Точно так же наши мысли, желания, наша связь и единение с Яхве должны активировать в нас нечто, что начнет творить вокруг нас, и не только через то, что мы говорим, но и то, что мы думаем. Это очень мощно.

Некоторые люди говорят, что предпочитают благодать Яхве, потому что мы находимся под благодатью, а не под законом. В законе написано, что если мы прелюбодействуем, то это грех. Когда мы смотрим на благодать, мы думаем, что можем делать все, что хотим. Мы говорим, что раз мы спасены, то спасены всегда, но Иешуа объяснил благодать следующим образом: Он понимает, что мы больше не хотим быть под законом из-за того, что Он сделал, поэтому теперь благодать выглядит так: если мы думаем или смотрим на кого-то с вожделением, это грех и как будто мы совершили прелюбодеяние. Вопрос в том, чего мы хотим? Закон или благодать?

Когда мы понимаем, что произошло с Иаковом, и какие принципы Яхве закладывал в Иакова, чтобы через изменение изнутри его самого, утвердить что-то вне его. **Бытие 28:16-17**: "Иаков пробудился от сна своего и сказал: истинно Господь присутствует на месте сем; а я не знал! И убоялся и сказал: как страшно сие место! это не иное что, как дом Божий, это врата небесные."

Мы знаем, что Иаков остановился на ночлег в открытом поле, где он взял один из камней, чтобы положить на него голову. Там не было никакого здания, поэтому, когда он сказал, что это место было удивительным домом и воротами, он понял встречу, а я понял через его встречу и мою прогулку с ним, что когда он взял один из камней, это было не то, что мы думаем. В своих поисках, откровениях и размышлениях, я обнаружил, что "камень" означает портал или ворота.

Иаков положил свою голову, не физическую голову, а место правления, внутри горы того, кем он был, через один из проходов, потому что Писание говорит, что он взял один из камней, на который положил свою голову, чтобы вступить в контакт и встретиться с царствами, которые были расположены внутри. Когда он встретился с ними, то сказал: "Это не что иное, как дом Божий", то есть он сам. Он был вратами и точкой перехода на небеса. Дом вмещает в себя все то, что находится в Царстве Божьем, расположенном внутри нас. Врата или точка перехода — это двадцать врат, расположенных внутри нас и находящихся в творении, они оказывают огромное влияние на то, кем мы становимся как сыны.

Я понял, что то, что происходило в Иакове, определяло закон первого упоминания о том, что означают слова "дом" и "ворота". Подсознательно я считал, что дом, упомянутый во встрече с Иаковом, — это Церковь, в которую мы будем ходить, а ворота — это вход в Церковь. Писание говорит о доме Божьем совсем не так. Когда упоминается "дом", речь идет о сыновнем понимании того, что происходит внутри.

Во время встречи с Иаковом я понял, что менора находится внутри меня, а семь сфер Царства находятся внутри меня. Это полностью изменило мою жизнь. Когда мы до такой степени вовлекаемся в откровение и входим в него, то, что мы видим, тем и становимся. Теперь я мог сидеть в этом месте и открывать для себя каждое Царство, которое Яхве позволил расположить внутри меня.

# СЕМЬ СФЕР ЦАРСТВА

Царство Земное
Царство Божие
Царство Небесное
Небо
Небеса небес
Совершенство
Вечность

Эти семь царств Царства связаны с менорой и с нами и проходят через врата духа, души и тела, определяя наше положение как существа в творении. Что бы ни происходило в нас, когда мы входим и выходим, чтобы созерцать, эта трансформация преображает нас, и когда мы входим в творение, то, что произошло в этом царстве, влияет на все в нашем земном царстве. Вот почему Иешуа сказал в **Евангелии от Матфея 7:16**: "По плодам их узнаете их."

Плод — это физическое проявление нашего духовного стремления. Именно так я оцениваю свой путь. Я не говорю о том, что я делаю в духе, пока это не принесет плодов, потому что тогда у меня есть поддержка небес, и когда я говорю, то говорю с позиции свидетельства, давая людям возможность тоже переживать это. Я не говорю о чем-либо с позиции знания. Если бы я слушал встречи и учения Линди и просто передавал ее послание через знания, потому что это хорошие учения, без того, чтобы стать ими, это не принесло бы пользы. Мы должны стать откровением, поэтому я учу только тому, что пережил в своей жизни. Ежедневно я вхожу и смотрю, и вижу, как все меняется, как происходит трансформация. Недавно в Царстве Божьем произошло нечто значительное, что оказало огромное влияние на мою жизнь, но я еще не видел плодов, поэтому не буду говорить об этом.

## Царство Земное

Когда я начал понимать, что сферы Царства находятся внутри меня, я понял, что существует процесс, через который мне нужно пройти, чтобы попасть в сферу Царств. Я начал с определения Царства, в котором я хотел бы находиться, — это Царство Земное. Многие христиане находятся в этом Царстве, которое представляет собой удивительное место с двумя вратами, одни из которых — врата, через которые мы можем выйти за пределы Царства Земли, — это врата Иешуа. Писание говорит в **Послании к Евреям 10:19-20**: "Итак, братия, имея дерзновение входить во святилище посредством Крови Иисуса Христа, путем новым и живым, который Он вновь открыл нам через завесу, то есть плоть Свою". Вторые врата похожи на первые, но это фальшивые врата, ведущие в фальшивое царство, отличное от Иешуа. Если мы встречаемся с Иешуа и находимся в Нем, открывая духовного человека, которым мы являемся, т.е. новое творение, то мы можем получить доступ к другим царствам.

У христиан, глубоко связанных с религиозной системой, поддерживаемой религиозным духом, эти врата будут заблокированы этим духом, так что они не увидят всех остальных царств, которые должны быть их уделом, но из-за своих действий не могут туда попасть. В Царстве Земном есть духовный мир и мир природы. Эти миры сосуществуют, и мы находимся среди них. То, что происходит в духовном плане в Царстве Земном, влияет на природный мир как отрицательно, так и положительно. Если мы видим, что на земле проявляются негативные явления, значит, в духовном мире, но все еще в пределах Царства Земли, произошел процесс, который негативно повлиял на природные явления.

То, что мы делаем как сыновья, занимая свое законное положение, проявляя интерес, созерцая, устанавливая правила и молясь в Духе, оказывает влияние на творение и природу. Как сыновья, мы понимаем, что находимся в пределах земли, но сохраняем связь и близость со сферами Царства, расположенными внутри нас, чтобы мы могли идти и созерцать то, что является нашим уделом и приносит огромное влияние в Царстве Земли. Как сыновья мы выходим за пределы Царства Земли.

## Царство Божие

Вторая сфера Царства, с которой я работал, — это Царство Божье. Это функциональность царства, которое может проходить через нас только в том случае, если мы там побывали, потому что мы можем высвободить только то Царство, в котором живем. В Церкви нас учили, что есть рай и ад. Мы живем здесь, на земле, ожидая вознесения, и однажды, когда мы умрем, мы будем с Иисусом на небесах. Это часть рая? Были ли мы там? Участвовали ли мы в этом? Царство Божье находится выше земного царства, и когда мы, как сыны, получаем доступ к нему, мы начинаем понимать, что в силу своего места в Царстве мы обладаем властью, которая приводит к преобразованиям. В этом Царстве мы также увидим функцию даров.

Дары, которые мы видим проявленными в эпоху Церкви, были даны Церкви в ее незрелости как ворота для того, чтобы она могла шагнуть в гораздо большее измерение, чтобы получить доступ к ним и стать ими. Когда мы действуем как сыны из этого места, мы не полагаемся на дары, которые даны нам по благодати Яхве, а входим внутрь, чтобы узнать, как действуют дары, чтобы мы *могли стать*

80

*дарами в творении*, не полагаясь на благодать, а как сыны, которые преображены действием благодати в нас.

В моей жизни было время, когда я полагался на дар исцеления, чтобы помочь окружающим меня людям. Я полагался на милость Яхве, потому что я не прилагал никаких усилий для получения этого дара. Дару, в котором я действовал, не было позволено стать вратами внутри меня, чтобы я мог созерцать его, чтобы стать им, чтобы он мог преобразить мою жизнь, а затем и окружающих меня людей. Я был по эту сторону завесы и начал использовать дар для исцеления людей и, чтобы они могли увидеть дар, пребывающий на мне, нужно было чтобы я физически был рядом, иначе они не получат исцеления. Это было незрело. Незрелость означает, что мы функционируем в этих дарах, находясь в Царстве Божьем, но действуя по благодати, оказанной нам Яхве. Когда мы действуем в этой сфере как зрелые сыны, а не просто полагаемся на дары, в нашей жизни проявляется власть.

Я начал входить внутрь, созерцать, видеть и получать откровения, и через этот процесс я чувствовал, как что-то меняется внутри меня. Когда я выходил и шел по земле, я делал что-то и видел плоды. Тогда я понял, что то, что преображало меня там, преображает меня здесь, в творении.

## Царство Небесное

Далее я обратил внимание на Царство Небесное. Это не те небеса, о которых нас учили и которые, как нам кажется, мы знаем. Это проявление царства, которое приходит к нам и в котором мы увидим знамения и чудеса. Это не то же самое, что знамения и чудеса, проявляющиеся в Царстве Земном через дары, но благодаря тому, что на нас пребывает управление Царства Небесного, мы можем воплощать многое в творении. Знамение и чудо происходит не тогда, когда мы представляем себя как того, кто произвел знамение, а тогда, когда творение не знает, что произошло, но знает, что что-то произошло. Иногда мы находимся на конференции, и там что-то происходит, и мы знаем, что творение откликается на сигнал, который разносится эхом по всему творению и который все полностью осознают. Этот сигнал, возложенный на нас, отражает управление Царством Небесным.

В этом царстве мы будем властвовать над творением, и оно будет реагировать на нас, приближаясь к нам благодаря тому, что находится на нас. Моя жена действует в Царстве Небесном, и творение отвечает ей. Как-то мы были в океанариум и подошли к аквариуму, в котором находилась большая рыба семейства окуневых — групер. Кто-то из посетителей рассказывал о ней, и над аквариумом висела фотография этой рыбы. Она пряталась за камнем, поэтому аквариум казался пустым. Мелани подошла к стеклу, и вдруг из-за камня показался групер. Он показался перед моей женой, потому что на ней находилась власть Царства Небесного, и рыба вышла, чтобы посмотреть на то, что происходит. Такова функция власти, которую мы имеем. Мы должны быть в состоянии выходить и творение отвечает нам, потому что власть находится на нас, как на сынах.

## Небеса

Небеса — это место, где Яхве восседает на Своем троне в абсолютном господстве. Здесь находится Гора Яхве. Даже если некоторые из нас не имеют ни малейшего представления о том, что происходит, но в нашем сердце есть желание учиться и получать откровения, Он позволит нам выйти из Земного Царства и вдруг начать общаться с Его Горой, расположенной на Небесах, и мы смотрим на это место и говорим: "Вот это да!", поскольку мы буквально прошли через три царства, чтобы добраться до места, где Яхве устанавливает что-то для нас. Видение Горы Яхве должно преобразить нас. Здесь находится Гора Господня, которую также называют Горой Сион.

Когда мы включимся в этот процесс, Яхве откроет Свою удивительную Гору. В моих откровениях эта Гора была связана с Моше (Моисеем), который взошел на гору Яхве. Когда я увидел, что произошло во время этой встречи с Моше, я увидел народ Израиля и увидел страх, который они испытывали, видя, как Моше поднимается и входит в Гору. Я не только видел, как Моше вошел в Гору, но и видел, как Гора поднялась от земли! В этой встрече народ Израиля увидел, как из-под горы пробивается дневной свет, когда Моше вошел в нее и поднялся, потому что это была Гора Господня. В этом месте он вступил в контакт с Яхве и сошел с Горы "другим". Писание — это не просто слова, написанные на странице. Часто Библия написана не буквально, поэтому мы должны читать ее Духом.

Если мы читаем Писание и видим, что что-то из того, чему нас учили, было упущено, то это будет в Царстве, и нам просто нужно пройти через это, чтобы увидеть. Сыновья должны найти время, чтобы посидеть и поразмышлять над Писанием, но не религиозно, а вникая в него и проходя через него Духом.

В наших языках нет слов, чтобы описать встречу, которая произошла с Моше, когда он вышел с "другим" лицом. То же самое произошло с Иешуа на горе Преображения, и Слово говорит, что Его лицо стало "другим". Я наблюдал за происходящим и понял, что на Небесах находится гора Яхве, куда мы можем войти, чтобы созерцать эти события, которые разворачиваются перед нами. Мы можем войти в покои, которые находятся внутри этой горы, и получить доступ к тому, что предназначено для нас, чтобы осуществить трансформацию. Благодаря нашему положению сына мы можем войти туда. Мы больше не являемся слугами. В **Евангелие от Иоанна 15:15** Иешуа говорит: "Я уже не называю вас рабами, ибо раб не знает, что делает господин его; но Я назвал вас друзьями, потому что сказал вам все, что слышал от Отца Моего." Но Он называет нас не только друзьями, но и сыновьями, чтобы мы могли войти и созерцать. У нас есть точка доступа! Нас учили по-другому, и теперь мы должны обучить себя и освободиться от того, чему нас учили, чтобы мы могли туда войти.

Мы никогда не унаследуем полноту Царства Божьего, если будем зацикливаться на недостатках, с которыми имеем дело. Мы должны принять сознательное решение полностью войти в полноту, независимо от того, во что мы верим и что противостоит тому, чему мы учимся. Цена за это была заплачена на Голгофе, когда Иешуа стал для нас точкой доступа, чтобы это стало нашей реальностью. В **Откровении 4:1** мы читаем: "После сего я взглянул, и вот, дверь отверста на небе, и прежний голос, который я слышал как бы звук трубы, говоривший со мною, сказал: взойди сюда, и покажу тебе, чему надлежит быть после сего." Иоанн получил приглашение подняться выше, и если мы хотим получить представление о том, что находится вокруг небесного престола, на котором восседает Яхве, мы можем прочитать **Откровение 4**. Оно дает нам возможность увидеть, что мы можем там найти.

Когда мы пройдем через сферы Царства, которые находятся внутри нас, войдем на Небеса и увидим, что там находится, тогда, я полагаю, с этого момента начнется наше путешествие. Функции других царств под Небесами удивительны, и власть, которую мы можем нести, удивительна, но когда мы входим в царство Небес и начинаем нести образ нашего Отца, вот где произойдет трансформация. То же самое произошло и с Моше. Когда он пришел туда, его облик изменился через преображение.

## Небеса Небес

Павел говорит о духовных телах, которые являются нашим уделом, и мы знаем, что у нас есть пять различных тел, с которыми мы взаимодействуем и которые открывают шестое тело, называемое телом Бога или богочеловеком. Павел говорил о том, что было на земле и что было в Царстве Божьем, и он сказал, что когда мы входим в Небеса небес, мы становимся явленными на небесную арену, то есть наше небесное тело становится явленным, и мы можем начать управлять в этом месте. Во время встречи Яхве повернул мое физическое существо к моему небесному существу, и я начал видеть его, прежде чем вышел обратно, потому что я увидел власть и ответственность, которые я чувствовал в этой сфере. Яхве позволил мне заглянуть туда, чтобы я мог увидеть свою ответственность, но я полностью осознавал, что мне все еще нужно работать над аспектами здесь, чтобы, когда я приду туда, у меня была зрелость для принятия решений.

Когда мы вступаем в эти преображающие нас сферы, мы хотим сохранить их настолько дорогими нашему сердцу, чтобы не выставлять все это на всеобщее обозрение в социальных сетях. Чем больше мы понимаем ответственность, тем больше хотим, чтобы слава досталась Яхве, а мы оставались в тени.

Во **Второзаконии 10:14** мы читаем: "Вот у Господа, Бога твоего, небо и небеса небес, земля и все, что на ней".

Все эти вещи взаимодействуют друг с другом и находятся вместе. **Псалом 148:4** гласит. "Хвалите Его, небеса небес и воды, которые превыше небес.".

**Псалом 67:34**: "шествующего на небесах небес от века. Вот, Он дает гласу Своему глас силы."

Небеса из Небес — это то, что мы можем созерцать в сферах Царства, которое находится внутри нас.

## Совершенство

Царство совершенства — это место, где наша ДНК начинает трансформироваться, что происходит через близость, когда мы находимся в месте совершенства.

Я вхожу и прохожу. Я созерцаю и вижу то, что Яхве открывает для меня, что начинает воздействовать на меня духовно, так что я удерживаю эти свидетельства и начинаю устанавливать их в истории того существа, которым я являюсь. Оно проходит через двадцать врат, и когда я восседаю в Творении, я начинаю управлять тем, чем я стал. Все вокруг меня должно откликнуться благодаря трансформации и преображению, которые там происходят.

## Вечность

Царство вечности — это место, где находятся такие, как Енох. Он ходил и его не стало. Илия стал подниматься туда. Моше вернулся оттуда, чтобы забрать свое тело и отнести его обратно в сферы Царства. Писание повествует о четырех людях, имеющих свое физическое тело: Иешуа, Енох, Моше и Илия. Моше и Илия пришли **к Иешуа** на горе Преображения, и ученики спросили, могут ли они построить три дома, по одному для каждого из них. Если бы Моше и Илия не имели своего физического тела, то не было бы необходимости строить им жилище.

Когда мы почитаем себя в этом процессе и в этом

путешествии, мы начинаем приобщаться к гораздо большему, что является нашим уделом. Мы должны находиться в нем и созерцать, вовлекаться и понимать происходящую в нас трансформацию.

В связи с тем, что мы живем в настоящее время, крайне важно знать, кто мы есть, и разобраться с несоответствиями в нашем мышлении, которое говорит о нас что-то иное, чем то, что Яхве сказал о нас в Творении.

# Глава 6

## Доступ к Телу (Линди)

**В Притчах 11:30** говорится: "Плод праведника — дерево жизни". P'ri tzadik ets chay ירפ קידצ ץע םייח

Мы — деревья праведности, посаженные Господом.

*Ets* (существительное мужского рода, быть твердым) = ДЕРЕВО и записывается еврейскими буквами ץ ע

*Chay* (живое существо) = ЖИЗНЬ и пишется на иврите буквами
ח י

Эти два слова означают следующее: Глаз, чтобы наблюдать за желанием, разделять, смотреть на руку Яхве внутри нас.

*Ets chay* можно перевести как прочный и живой.

Плод праведника — это крепкое и живое внутри нас Древо Жизни.

### Дерево Жизни

*Сефирот*

Мне нравится работать со всеми частями Древа Жизни, потому что они также связаны с нашим здоровьем. Эманации Мудрости и Понимания находятся по обе стороны от нашей головы, и когда они говорят с нами, Знание, которое находится в области щитовидной железы, слышит то, что говорит Мудрость, и понимает это, так что оно становится знанием в нашем теле. Когда мы не хотим принимать всю ту информацию, которая нам известна и которая приведет нас к зрелости, когда мы упрямимся и прячемся за своими проблемами, отказываясь их решать, часто проявляется наша щитовидная железа. Если я слышу звук в правом ухе, я спрашиваю Мудрость, что она пытается сказать, чтобы использовать левую сторону, где находится понимание, чтобы оно стало знанием, которое работает через мое тело.

Мы собираемся активировать Древо Жизни, ets chay внутри нас, чтобы мы могли получить точки для работы. В Библии говорится, что власть Бога покоилась на плечах Иешуа. Когда мы смотрим на изображение Древа Жизни, то видим, что на правом плече находится Любовь-доброта, а на левом — Суд и Справедливость. Слова "справедливость" и "праведность" на иврите — одно и то же слово. Четыре столпа любви состоят из справедливости, суда, милости и милосердия или любви-доброты. Писание говорит о том, что власть состоит из четырех столпов — справедливости, суда, милости и милосердия, которые представляют собой ets chay, Древо Жизни внутри Иешуа, твердое и живое существо, находящееся внутри каждого из нас.

### Элемент 1 — Корона

Корона — это ворота на макушке нашей головы. Писание говорит в **Псалме 24:7-8**: "Поднимите, врата, верхи ваши, и поднимитесь, двери вечные, и войдет Царь славы! Кто сей Царь славы? - Господь сил, Он - царь славы."

### Элемент 2 — Мудрость

Мудрость располагается на правой стороне тела, которая связана с интеллектом.

### Элемент 3 — Разумение

Оно располагается с левой стороны и связано с ангелом

Цадкиэлем.

### Элемент 4 — Благодать и Милость

На иврите это слово звучит как "хесед". Архангел Михаил связан с милостью, милосердием и добротой. Эта часть пересекается с первым днем творения.

### Элемент 5 — Справедливость и Суд

*Gevurah* (Гевура) связана с Севером внутри моего тела, которое является вратами, через которые приходят справедливость и праведность, и пересекается со вторым днем творения.

### Элемент 6 — Слава

Это место наших эмоций, и Писание говорит в Евангелии от **Иоанна 7:38**: "Кто верует в Меня, у того, как сказано в Писании, из чрева потекут реки воды живой." Верхние воды находятся над этой точкой, а нижние — под ней. Эта точка на Древе жизни приносит равновесие. Временами мы ощущаем некоторый хаос в нашем эмоциональном пространстве, поэтому нам необходимо находиться на своем месте покоя внутри себя. Эта точка связана с третьим днем творения, а также является точкой, которая приносит равновесие.

### Элемент 7 — Победа

Это также место выносливости. Иногда люди испытывают трудности со своими бедрами, потому что, возможно, у них была сильная битва в области выносливости и победы, которая может привести к физическому проявлению в нашем теле и пересечению с четвертым днем творения.

### Элемент 8 — *Великолепие и благоговение*

Сияние света Яхве и соединение с пятым днем творения.

### Элемент 9 — *Основание*

Именно здесь мы находим божественное творчество и область плодородия, которая перекликается с шестым днем творения, когда был создан человек. Внутри нас есть *ets chay*, Древо Жизни, а также Древо Познания Добра и Зла. Когда наши эмоции возбуждаются в области божественного творчества, то возбуждаются и половые гормоны. В Церкви мы учили молодежь, что эти гормоны и желания — зло, и они не должны проявлять эти чувства. Теперь мы знаем, что внутри одного дерева есть два дерева: одно — Древо Жизни, а другое — Древо Познания Добра и Зла. Если бы нас, как Церковь, учили направлять эти порывы из области основания на Древо Жизни и в Божественное творчество, мы бы не испытывали столько проблем, когда речь идет о сексуальной безнравственности. Вместо этого мы устремляемся к Древу познания добра и зла, что приводит к порнографии и безнравственности, поскольку требует выхода и заканчивается позором.

Если бы мы научили людей направлять эти эмоции и энергию в эту базовую область творчества, мы бы знали, как направить эту творческую энергию в *ets chay*, Древо Жизни, что позволило бы нам быть удивительно творческими. Если вы занимаетесь творчеством в любой области — живописью, дизайном, танцами, писательством, программированием, бизнесом, — то вы используете энергию, которая создается в этой области, и направляете ее в Древо Жизни.

Один мой знакомый служитель рассказал мне, что, когда он испытывал возбуждение в этой области, он брал эту энергию и направлял ее на создание новых предприятий и разработку идей. Вместо того чтобы это вылилось в сексуальную безнравственность, мы можем отвлечься, говоря на языках, и сконцентрироваться на божественном творчестве.

### *Элемент 10 — Покой*

Это область меча, венца праведности, скипетра Яхве, соединенная с землей. На иврите эта область называется *malkuth* (малкут). Творение стонет и ждет проявления через малкут в тело, вверх в верхние воды, чтобы взять то, что мы видим в тайнах Яхве и секретах Яхве в *choshek*, чтобы спустить это вниз через тело, через *malkuth* и обратно в землю и соединяется с седьмым днем творения.

Это вкратце описывает ets chay, Древо Жизни, твердь и жизнь внутри нас. Каждая часть — это точка вознесения, с которой мы можем взаимодействовать. Двадцать две живые буквы также расположены внутри нас, они являются вратами в сферы Царств и вместе с десятью точками активации дают нам тридцать два пути Мудрости.

Например, Алеф א находится рядом с нашими легкими, поэтому при каждом вдохе мы активизируем эту живую букву внутри нас. Если мы не можем заснуть, мы можем обратиться к букве Самех ס, которая находится на левом бедре между великолепием и божественным творчеством, потому что Самех дает нам сон. Мы можем спросить его, что нам нужно сделать на этой стороне тела, чтобы устранить бессонницу, потому что Бог дает Своим возлюбленным отдых.

Шин, Алеф и Мем называются тремя матерями и

представляют собой стихии огня, воздуха и воды.

Шин – огонь – שׁ
Алеф – воздух – א
Мем – вода – מ

Менора также располагается внутри нас, и каждая из ее ветвей представляет одно из семи царств:

Царство земное
Царство Божье
Царство Небесное
Небо
Небеса небес
Совершенство
Вечность


Семь духов Яхве также находятся на Древе Жизни, о которых говорится в **Исаии 11:1-3**:

Дух Господень
Дух мудрости
Дух разумения
Дух совета
Дух могущества
Дух знания
Дух страха Господня


Все вышеперечисленное движется в нас, как атом в нашей ДНК, когда мы взаимодействуем с различными телами, сидя на своем месте покоя в нашей горе.

## АКТИВАЦИЯ

Мы задействуем различные точки внутри нас *ets chay*, чтобы

начать понимать наши тела, что Древо Жизни, которое является сущностью, живет внутри нас, и что у нас есть менора, которая соединяет эти точки. Наша нить ДНК движется вверх и вниз по всему этому.

Праведность означает правильное положение с Яхве, и плодом этой праведности, или правильного положения, является Древо Жизни внутри нас.

Теперь мы активизируем это дерево, соединяясь с ним, чтобы почувствовать, как его частота живет и движется внутри нас.

Мы взаимодействуем с короной (Поднимите, врата, верхи ваши).

Отец, я благодарю Тебя за Древо Жизни, за *ets chay* внутри меня, за то твердое и живое, что является частью того, кем я являюсь как праведник. Сегодня я взаимодействую с короной и благодарю Тебя за нее.

Йод Хей Вав Хей.

Я произношу имя Яхве над моей короной.

Йод Хей Вав Хей.

Поднимите голову, о вы, врата, поднимите вечную дверь.

Йод Хей Вав Хей.

Я хочу, чтобы вы почувствовали, как открываются ваши врата в том месте, где происходит взаимодействие внутри. Мы перемещаемся к правому уху. Дух Мудрости здесь не живет, но она говорит с нами.

Йод Хей Вав Хей.

Я активирую способность слышать, как Мудрость говорит со

мной.

Переходим к левому уху, где получаем Понимание.

Йод Хей Вав Хей.

Я открываю Понимание и включаюсь в работу.

Йод Хей Вав Хей.

Когда Мудрость говорит, я обязуюсь понять, чтобы иметь знание.

Мы переходим к *Da'at*, которая есть Знание.

Йод Хей Вав Хей.

Я активирую способность в себе, Древо Жизни, *ets chay*, так что она становится знанием через понимание.

Йод Хей Вав Хей.

Положите руки на живот, который является местом эмоций.

Йод Хей Вав Хей.

Отец, из моего живота текут реки живой воды.

Йод Хей Вав Хей.

Это место покоя, где встречаются верхние и нижние воды, и хаос преобразуется в равновесие.

Йод Хей Вав Хей.

В те моменты, когда вы чувствуете беспокойство и знаете, что что-то не так, найдите тихое место, обратитесь к своему животу и обратитесь к рекам живой воды через место славы, эмоциональную сторону вас, и заговорите на языках. Начните говорить о мире с хаосом.

Теперь мы обращаемся к *netzach*, который находится на правом бедре и является той частью нас, которая связана с Победой и Выносливостью. Отец, я благодарю Тебя за

победу и благодарю Тебя за то, что я претерплю до конца.
Ты — мой Победитель, и я буду иметь победу. Я активирую в
дереве внутри меня победу и стойкость.

Благодарю Тебя за великолепие и благоговение, *hod*, на моем
левом бедре, чтобы быть активированным на *ets chay* внутри
меня, Древе Жизни. Победа — мой удел, и великолепие и
благоговение начинают течь во мне через *Мет*, говорящий
внутри, через воды Яхве. Я благодарю Тебя за победу и
стойкость, я благодарю Тебя за великолепие и благоговение.

Положите руку на *yesod*, который находится между пупком
и репродуктивными органами. Отец, я благодарю Тебя за
божественное творчество и плодовитость, которые являются
основой моей сущности.

Йод Хей Вав Хей.

Я активирую эту область. Это одно из самых востребованных
врагом мест на дереве. Мы активируем эту точку внутри нас
на Древе Жизни, чтобы мы могли взять ее и принести ее в
божественное творчество и плодородие, в это место Яхве в
основании того, кто я есть, возвращая ее в ее первоначальное
намерение внутри нас. Если она используется не по
назначению, мы говорим: "Отец, прости нас" и обращаем
наше внимание на то, как правильно использовать эту часть
дерева внутри. Мы направляем эту энергию в божественное
творчество.

Теперь мы посмотрим на покой, *malkuth*, ту часть, которая
соединяется с землей. Отец, мы приводим в действие всякое
место, по которому ступает нога наша, о котором говорится
в книге Иисуса Навина 1:3, потому что оно соединено с
землей, и Ты дал его нам. Это место, где твердь и живое

существо, *ets chay*, соединяется с землей.

Йод Хей Вав Хей.

Мы чтим и благословляем Тебя, Яхве. Мы чтим эту важную часть дерева, которая соединяет меня с землей. Все творение ждет, когда во мне проснется *malkuth* в *ets chay*, твердая основа того, кто я есть в Яхве, чтобы стать проводником потока Яхве с Небес на землю. Как на небе, так и на земле, **Евангелие Матфея 6:10**. Мы активируем эту часть дерева внутри нас.

Недавно мы поехали в отпуск и захотели посмотреть на слонов. Гид никогда не видел их вблизи той местности, где мы находились. Мы с дочерью уже цитировали это место Писания в подобных ситуациях, чтобы как магнитом притянуть к себе доброту Яхве. В **Исаии 60:1-3** говорится: "Восстань, светись, Иерусалим, ибо пришел свет твой, и слава Господня взошла над тобою. Ибо вот, тьма (choshek = тайна) покроет землю, и мрак — народы; а над тобою воссияет Господь, и слава Его явится над тобою. И придут народы к свету твоему, и цари — к восходящему над тобою сиянию." Мы смогли применить это место Писания, потому что мы активировали это дерево внутри нас, и оно притягивает к нам вещи, как магнит.

Я поговорила со своей дочерью и сказала ей, что хочу увидеть слонов, и мы решили сделать это, помолиться и попросить их прийти на свет нашего сияния. Мне не нужно было делать это с помощью веры, потому что я так хорошо знаю менору и дерево, находящиеся внутри меня, и я ожидаю, что вещи будут притянуты к свету моего сияния. Я ожидаю, что вещи найдут меня. После молитвы мы продолжили нашу экскурсию и увидели множество бегемотов, крокодилов и орлов-рыболовов. Когда наша двухчасовая экскурсия подходила к концу и мы собирались возвращаться, мой сын воскликнул: "Смотри! Слон!" Гид был так взволнован, что решил, что мы не будем уезжать обратно, так как за десять лет работы в этом районе он ни разу не видел слона.

На следующий вечер мы ужинали в том же городе. После ужина мы заметили, что три бегемота вышли из реки и идут через город пастись в парке.

Местные жители, с которыми мы были, никогда такого не видели. Поскольку я знаю, что менора находится внутри меня, и я знаю, что Древо Жизни находится внутри меня, я смогла призвать животных к свету моего сияния, когда я опустила свои ноги, мой *malkuth*, на землю.

Мы можем сделать это и с золотом, и с серебром, и с деловыми сделками, и даже с подходящим спутником жизни, если начнем осознавать, что находится внутри нас. Дерево внутри нас светится мудростью, пониманием, знанием, справедливостью и судом, милостью и благодатью, эмоциями и славой, победой и великолепием, божественным творчеством и всем остальным от Яхве.

Я видела, как это работает во многих областях моей жизни. Мы купили разбитый участок, и через некоторое время соседские деревья стали расти над и под нашим забором. Иешуа сказал, что если люди не будут поклоняться Ему, то полевые деревья поклонятся Ему, и камни возопиют к Нему в поклоне. Это то, чего ждет творение и к чему тянется земля; мы должны пробудиться к тому, что находится внутри нас. Если бы мы все могли ходить в свете нашего сияния, потому что мы активировали все эти точки *ets chay* внутри нас, это твердое и живое Древо Жизни, которое является плодом праведности, то все притягивалось бы к нам без того, чтобы мы прилагали слишком много усилий. Все приходит и находит свое место в нас, ищет нас и преследует. В **Псалме**

**23:6** мы читаем: "Так, благость и милость да сопровождают меня во все дни жизни моей, и я пребуду в доме Господнем многие дни."

Мы можем представить себя в виде деревьев, которые передвигаются в пространстве, а все точки активации реагируют на окружение.

Древо Жизни также ассоциируется с вознесением, когда мы соединяемся с царствами, находящимися в Древе Жизни в нашей ДНК. Однажды я лежала на кровати и увидела, как что-то выходит из моего живота, как в сказке "Джек и бобовый стебель". Когда я спросила Яна, что это такое, он ответил, что мне нужно разобраться со своей ДНК. Я никогда раньше не видела ничего подобного. Иаков также имел такую встречу в **Бытие 28**.

Есть еще две еврейские буквы, которые я теперь могу использовать, — это *Ghah* и *Shin Gadol*, которые были спрятаны евреями при разрушении их храма. Они сделали это для того, чтобы язычники не нашли их и не использовали не по назначению. Используя нашу "лестницу" ДНК, мы можем теперь совершить переход от земли к *choshek* и обратно.

Я считаю, что вознесение — это не восхождение куда-то, а взаимодействие естественного и плотского тела с духовным телом. Вознесение — это не восхождение, а созерцание или соприкосновение. Я не возношусь вместе со своими элементами в сферы Царства, я взаимодействую со своими элементами. Если я все время говорю, что я возношусь, то я держу себя в таком положении, что мне постоянно приходится добираться туда с земли. Я знаю, что я сижу со Христом на небесах, и в **Притчах 18:21** сказано: "Смерть и жизнь — во власти языка, и любящие его вкусят от плодов его."

Итак, я не восхожу к этому телу, я взаимодействую с ним, обращая это естественное тело к своему духовному телу и соединяюсь с ним. Я вступаю в соглашение и взаимодействую со своими телами через завесу Его плоти в сферах Царства и делаю то, что должна. Я не возношусь для того, чтобы что-то сделать, потому что в этом случае я окажусь под солнцем, которое является частью системы тления, а мы живем над системой тления. Мы живем на земле под солнцем, луной и звездами, но они не управляют нами.

Однажды я собиралась куда-то лететь, и кто-то сказал мне, что мой знак зодиака говорит, что день для меня будет неудачным и что я буду болеть. Я все равно попала на рейс и, сидя в самолете, сказал звездам, что они не могут сказать мне, какой у меня будет день, потому что Древо Жизни внутри меня управляет тем, какой у меня будет день. Я разорвала душевные связи между звёздами и тем, что они пытались мне диктовать, и поставил себя выше порочного морального компаса человека, который находится под солнцем, луной и звёздами.

Я не управляю временем. Я говорю с ним с почтением и говорю ему, что не оно говорит мне, что делать, а я говорю ему, что делать. Я не служу времени, потому что оно служит мне. У каждой цифры на часах есть ангел, который управляет этим часом времени. До грехопадения Адама времени не было. Я не хочу показаться неуважительным, но в растленной системе, где время было извращено, время управляет. У нас есть поговорка, которая гласит: "Время — деньги." Время — это не деньги, и нам нужно покаяться, если мы так говорим. Деньги приходят от Отца, Он ищет меня и находит. Деньги приходят потому, что я иду как полноценное, божественное существо, созданное Яхве для создания богатства, и во

**Второзаконии 8:18** сказано: "но чтобы помнил Господа, Бога твоего, ибо Он дает тебе силу приобретать богатство, дабы исполнить, как ныне, завет Свой, который Он клятвою утвердил отцам твоим."

Время — не деньги, и время служит мне. На протяжении всей моей жизни мне приходилось вступать в *олам* и говорить со временем, чтобы сказать ему, что я не служу ему и что оно должно замедлиться, чтобы я могла сделать все, что должна была сделать в течение дня, чтобы у меня оставалось время на то, что я хотела сделать. Я притянула время к себе и сказала ему, что мне нужно закончить то, что я делаю, и я не собираюсь "исчерпать время". Я научилась действовать как *ets chay* и как сын. В книге **Иисуса Навина 10:12** мы читаем о том, как Иисус Навин смог продолжать сражаться, когда Яхве остановил солнце, и, честно говоря, я полагаю, что это *они* остановили солнце.

*Malkuth* должна отражать от человека и земли все, что находится выше. Мы — дерево, и мы проявим всю полноту того, кем является Яхве. В нас есть менора, проявляющая Царство Земли, Царство Божие (**Евангелие от Луки 17:21**), Царство Небесное, Небеса, Небеса Небес, Совершенство и Вечность. Все они заложены в нас самих. Когда мы вступаем в контакт с этими царствами, семь духов Божьих начинают взаимодействовать с нами, и семь духовных точек также вступают в контакт с нами, и мы начинаем действовать как существо света. Мы можем сказать: "Восстань, светись, Иерусалим, ибо пришел свет твой, и слава Господня взошла над тобою." Цари будут приходить на яркость вашего сияния.

Они увидят это Древо Жизни, исходящее изнутри нас, и спросят нас, кто мы такие.

*Choshek* располагается над короной и известен как темное облако Господа и место тайны. У меня был случай, когда мне пришлось пройти через огненных серафимов, и я увидела ноги Яхве. Там было очень темно, но слава была просто ошеломляющей, и я помню, как подумала, что была бы счастлива лежать здесь у Его ног целую вечность, купаясь в безмерной радости и красоте. Это было так великолепно. Когда мы поднимаемся через *Ghah* и *Shin Gadol* и тянемся к *choshek*, мы делаем то же самое, что и священники в Храме, когда они опускали свой крюк в горшок с мясом и вытаскивали свою порцию мяса на день.

Иешуа дал ученикам такую молитву: "Отче наш, сущий на небесах, (*choshek*), да святится имя Твое, да приидет Царствие Твое (активизируются все семь Царств) и да будет воля Твоя, на земле (проявление Царства на земле), как на небе. Дай нам сегодня хлеб наш насущный." Порция священников из горшка с мясом была достаточной для этого дня, как в пустыне, когда у людей были перепела и манна для ежедневного пропитания. Слово "манна" на иврите означает "что это такое?" Люди не могли хранить ее, потому что если бы они это сделали, то в ней завелись бы черви. Это означало бы, что Бог не обеспечит их на следующий день. Мы должны ловить рыбу в *choshek* и ежедневно получать тайны, славу и близость с Яхве и привлекать ее в нашу жизнь.

В течение многих лет мы были миссионерами в Норвегии, и наступило время, когда Яхве совершал такие необычные поступки из-за преобладания сильного религиозного духа. Лютеранская церковь была государственной религией и очень контролируемой. Во время богослужения появлялись небольшие кучки манны, и мы делали причастие ею. Когда мы клали ее на язык, она растворялась и по вкусу напоминала кунжутное семя и мед.

В это время одна дама сверхъестественным образом получила золотые зубы. Она раньше работала помощницей дочери королевы и была очень царственной и правильной.

Она нуждалась в лечении зубов, и я молился за ее исцеление. Когда я молился, она произнесла "аминь", и я увидел, что у нее во рту что-то блестит. Норвежцы очень консервативны, поэтому просить их открыть рот, чтобы кто-то мог заглянуть внутрь, не принято! Я подошла к жене пастора и попросила ее заглянуть в рот женщины. Они оба неохотно согласились, и оказалось, что у нее семь золотых зубов! Они оба закричали, а жена пастора упала на спину. Женщина пошла домой и посветила фонариком себе в рот, чтобы показать мужу, что сделал Бог. Он спасся благодаря этому знаку. Она обратилась ко всем стоматологам, которые когда-либо лечили ее рот, чтобы убедиться, что они не делали этой операции. Все они сказали, что золото в ее рту было слишком чистым, и они не используют золото такого качества. Это чудо произошло в городе к северу от Осло.

После этого собрания я вышла на улицу подышать свежим воздухом. Был уже поздний вечер, и солнце только-только зашло за горизонт. Я увидела, что в небе движутся и меняются эффектные цвета. Местные жители, которые были со мной, были поражены и отметили, что сейчас не то время года, когда это можно увидеть. В течение двух ночей огни появлялись каждый раз, когда мы выходили с наших собраний.

В другой раз я была на западном побережье Норвегии, где учила молодых людей смотреть на север и призывать северное сияние выйти на их свет. Я учила их принципу, даже если это был неподходящий сезон для сияния.

На наших встречах появлялась золотая пыль, а когда мы смотрели в окно, в небе пульсировало северное сияние. Мы учили наше собрание, как стать *ets chay*, Древом Жизни. Мы должны дать творению то, с чем оно будет соединяться: корону, понимание, мудрость, знание, справедливость, суд, милость и благодать, славу, великолепие и благоговение, победу и стойкость, божественное творчество и отдых. Северное сияние отвечало нам, и это было здорово!

Именно потому, что мы учим менору и Древо Жизни, происходят удивительные вещи. Недавно я была на нескольких встречах, и каким-то образом мы перепрыгнули через время, и у нас оказалось гораздо больше времени, чем предполагалось. Я также видела, как это произошло с моим британским паспортом. Я подала заявку на получение паспорта и справлялась о нем, потому что мне нужно было ехать в Америку на конференцию. 24 числа того же месяца я получил по почте письмо, в котором говорилось, что паспорт будет доставлен 25 числа, то есть на следующий день. Через несколько часов в мою дверь постучали, и паспорт был доставлен. Я расписалась в получении и увидела, что документ датирован двумя днями позже. Я получила его раньше, чем он был официально отправлен! Я успела на самолет на следующий день, как раз когда я должна была получить паспорт.

У меня есть штампы в паспорте, датированные двадцатью годами в будущем, в то время как у всех остальных в моей группе в паспорте стоит дата этого дня. Это результат того, что я тянусь в *olam*, в свое будущее. Я открываю свой дух, чтобы излучать свет изнутри и тем самым притягивать вещи внутрь. Мы не можем выпустить что-то наружу, если этого нет внутри. Мы должны практиковать почитание элементов на древе жизни и практиковать призыв вещей к свету нашего сияния и посмотреть, что Яхве сделает с нами.

# Глава 7

## Молитвы на Языках (Рик)

Говорят, что один в поле не воин. Община — это жизненно важно, команда — это жизненно важно, совместная работа — это жизненно важно. Если человек делает что-то один, он будет способен сделать меньше, чем если с кем-то объединится в команду внутри общины, что приведет к умножению, к чему-то подлинному, что может быть явлено в славе на земле.

Я чувствую, что есть люди, которые что-то делают, и это помогает им восседать на своей горе, взаимодействовать с горой Яхве, взаимодействовать с менорой и *sefirot*. Я верю, что многое из того, о чем они молились и на что уповали, получает прорыв, и я чувствую, что трансформация в ответе на молитву, который придет к ним, даст им способность сидеть в этом месте как царь, управлять, владычествовать и царствовать над прорывом, который они подчинят себе. Они не будут говорить: "Яхве, я молюсь об ответе на эту молитву и жду, когда Ты принесешь ответ." Я чувствую, что то, что открылось для нас, позволит им войти и управлять тем, что есть и что должно произойти, чтобы управлять этим прорывом, чтобы он больше не был ответом на молитву, который еще только ждет проявления, но уже состоялся.

Каждая наша молитва должна проявляться в виде ответа посреди творения. Именно поэтому в Писании мы не находим, чтобы Иешуа учил нас, как поступать с молитвой, оставшейся без ответа! Мы не созданы для того, чтобы жить на земле с молитвой без ответа. Молитвы без ответа, которые мы видим в Церкви, вызваны незрелостью и отсутствием ответственности, которую мы несем на земле. Мы разменяли это на искаженное представление о нашем взаимодействии с Яхве, будь то через молитву или просьбы.

Многие христиане не молятся, а жалуются. Мы уходим в свою молитвенную комнату и жалуемся Яхве на все, что нас не устраивает. Это не молитва. Когда сыновья становятся зрелыми происходит нечто совершенно иное. Теперь наша молитва — это не жалобы, мы берем на себя ответственность в рамках союза, идем внутрь, проводим время, чтобы созерцать в горе то, что происходит в нас, и просьбы, которые у нас есть, находятся в нас как в сынах, и мы теперь можем управлять этим в творении, независимо от молитвы, которую мы произносим, и ответа, который мы ждем.

Я верю, что очень многие люди получат ответы на свои молитвы благодаря своему положению сыновей, понимая процесс, чтобы быть там и управлять тем, что происходит в сферах Царства, расположенных в творении через них как сыновей.

Мне пришлось откреститься от религиозной системы верований, выдававшей себя за истину о молитве, потому что то, как она была представлена в церковной структуре, не было истиной, согласно тому, как ее представлял Иешуа и как должна была бы выглядеть наша молитвенная жизнь.

**Евангелие от Иоанна 15:1-7**: "Я есмь истинная виноградная лоза, а Отец Мой — виноградарь. Всякую у Меня ветвь, не приносящую плода, Он отсекает; и всякую, приносящую плод, очищает , чтобы более принесла плода. Вы уже очищены через слово, которое Я проповедал вам. Пребудьте во Мне, и Я в вас. Как ветвь не может приносить плода сама собою, если не будет на лозе: так и вы, если не будете во Мне. Я есмь лоза, а вы ветви; кто пребывает во Мне, и Я в нем, тот приносит много плода; ибо без Меня не можете делать ничего. Кто не пребудет во Мне, извергнется вон, как ветвь, и засохнет; а такие ветви собирают и бросают в огонь, и они сгорают. Если пребудете во Мне и слова Мои в вас пребудут, то, чего ни пожелаете, просите, и будет вам."

В процессе размышлений и поиска открывается сфера, в которой мы начинаем приобщаться к истине, и Иешуа несколько раз говорит: "Я говорю вам истину", прежде чем сделать заявление, которое привлечет всеобщее внимание и приведет к масштабной трансформации мышления и убеждений, потому что Он действует на уровне, который намного выше нашего понимания. В вышеупомянутом месте Писания Иешуа говорит, что Он — истинная виноградная лоза, а Его Отец — садовник, который отсекает каждую ветвь Иешуа, не приносящую плода. Нам часто кажется, что мы находимся в том периоде, когда Яхве отсекает ветви. Мы стремимся к чему-то, куда-то идем, в чем-то участвуем, а потом к нам приходит понимание, что это все связано с процессом нашего взросления. Яхве говорит нам, что Он любит нас настолько, что должен отсечь то, что не приносит плода. Те самые вещи, которые мы считали важными для себя и которые были частью нашей сущности, связаны с системой, которая не приносит плодов. Из-за нашего желания и стремления Яхве вынужден отрезать эти ветви, потому что они не приносят плода. Ветви, от которых мы иногда зависим, — это те самые ветви, которые могут удерживать нас в не зрелом состоянии. Проходя через этот процесс в единстве с Яхве и стремясь к зрелости, мы признаем, что Он должен отсекать их, поскольку мы находимся в путешествии от славы к славе. В моей собственной жизни Яхве отрезал некоторые вещи, которые, как я думал, что-то значат, а на самом деле они не значили абсолютно ничего!

Затем Иешуа говорит, что собирается обрезать ветви, приносящие плод, потому что если Он это сделает, то ветви станут более плодовитыми. Если мы проходим через этап обрезки, то не следует путать это с тем, что Яхве дисциплинирует нас. У Него есть для нас много интересного, и то, что находится в нас и приносит плоды, должно быть также обрезано, чтобы оно могло приносить больше плодов. Это процесс зрелости, и чем больше мы понимаем свою функцию сына, тем больше мы идем с  пониманием того, что преображаемся в образ нашего Отца, и мы быстро понимаем, что все, что нужно обрезать, нужно для того, чтобы то, что мы призваны исполнить в следующей фазе путешествия, позволило нам брать ответственность посреди творения. То, с чем мы взаимодействуем в этом путешествии, проявляется в нас.

Часто подтверждение плодов, которые приносятся, исходит от людей, и из-за этого подтверждения со стороны человека мы начинаем думать, что приносим плоды из-за реакции, но в Царстве Божьем Яхве хочет подрезать нас из-за того, что нам предстоит увидеть как сыну. *Мы не должны позволять человеку диктовать нам уровень зрелости, в котором мы будем ходить.*

В процессе времени в отношении молитвы сложился определенный религиозный обряд: мы должны найти время, чтобы зайти в тихую комнату, сделать так, чтобы нас не прерывали, создать атмосферу с помощью музыки для поклонения, а затем произнести молитву. Когда мы закончили, мы садимся и ждем, что произойдет с молитвой, которую мы произнесли. Даже мистики могут легко попасть в ловушку религиозной молитвы. Они могут использовать другую терминологию, но религиозная практика остается той же самой. Они могут думать, что изменяют что-то в духовном плане, чтобы вызвать трансформацию в естественном. Это не сработает, потому что молитва — это единение с Яхве. Иешуа часто удалялся от толпы, и Писание говорит, что Он уходил на гору, чтобы помолиться.

Возможно, в регионе, где Он служил, не было физических гор, так куда же Он уходил? Он перемещался на гору Яхве и там созерцал единение со Своим Отцом. У нас есть такой же доступ, чтобы проводить время в единении с Отцом через молитву и близость, общаться с Ним и принимать лик Того, с Кем мы общаемся. Когда Иешуа сходил с Горы и снова присутствовал среди творения, Он говорил: "Я делаю только то, что вижу, как делает Мой Отец. Я говорю только то, что слышу от Отца Моего." Они были в единстве, исполняя свиток свидетельства посреди творения. Это и есть молитва. Сегодня в церковной жизни христиане выработали систему молитвы, которая является разрозненной и разобщенной и исходит из неуверенности в себе из-за непонимания своего положения, поэтому молятся эгоистично.

**Евангелие от Иоанна 15** говорит, что мы должны пребывать в Нем, чтобы наш союз был единым сердцем, разумом и назначением, и когда мы выходим как сын посреди творения, то, что мы начинаем провозглашать, определять и высвобождать, исходит из Его сердца и отражается в творении благодаря нашему союзу. Поскольку я освободился от многого, я не помню, как я молился раньше, потому что сейчас я нахожусь в положении сына, сидящего с Отцом и понимающего, как выглядит союз. Внутри мой духовный человек глубоко связан с Яхве, поскольку Он сидит и управляет моим духовным человеком. Иешуа сидит и управляет моей душой, а *Руах хаКодеш* сидит и управляет моим телом и имеет с ним отношения соработничества. Таким образом, в триедином существе, которым я являюсь, я объединяюсь с триединым Богом (три в одном). Внутри Троицы каждый имеет свою функцию, а внутри моих трех сущностей я имею свою функцию, (у меня есть дух, душа и тело, но я один), и в этом единстве, которое имеет место, я могу спокойно участвовать, зная, что я в Нем, а Он во мне, что стало верой, которая теперь настолько надежна в корне того, кто я есть, что когда я иду в творении и говорю, это как будто я молюсь.

Может быть, еще так много молитв верующих остаются без ответа, потому что в этом процессе их путешествия Яхве хочет пригласить их к соработничеству, чтобы они поняли свою ответственность, которую они несут, и когда они начинают говорить, формулировать и заявлять, они начинают видеть ответ, проявляющийся в том, кем они являются как сыны. В рамках религиозной системы есть то, что говорит о нас иначе, чем говорит о нас Царство Божие. Что происходит в Церкви? Мы говорим: "Это не мы, это все Бог." Мы приняли ложный образ мышления, который закрывает ворота в нашей способности видеть истину внутри себя, и мы откладываем ответы, которые находятся в самой сердцевине нашей сущности.

Однажды вечером я молился и задавал много вопросов, потому что осознал, как много я упустил возможностей из-за того, что держало меня в рабстве, и понял, что мне нужно от многого освободиться, но я был готов сделать это, невзирая на цену. Когда я разговаривал с Яхве о молитве, у меня возникло ощущение, что молитва, которую мы как церковь приняли, не является истиной, и я знал, что нужен другой путь, но не знал, как к нему перейти. Я проводил время в размышлениях и думал об этом. Однажды утром я проснулся рано, провел время в религиозной молитве, произнося свои молитвы без ответа, в которые я вкладывал все, что хотел бы видеть в своей реальности. Во время молитвы я почувствовал, что выхожу из своего тела, и я (мой естественный человек) оказался снаружи, глядя на свое тело, которое, как я теперь знаю, является моим плотским человеком. Мой естественный человек наблюдал за тем, как мой плотский человек молится религиозно, потому что это было укоренено в религии, а я спрашивал себя, что я делаю! Мой плотский человек перестал молиться, а мой естественный человек начал привлекать моего духовного человека на его законное место, и тогда все начало разворачиваться. Речь идет не о религиозной практике молитвы, а о союзе, о том, чтобы выровнять и соединить различные духовные тела, чтобы начать вступать в этот союз, о котором говорит **Евангелие от Иоанна 15**. Когда я в Нем и Он во мне, Писание говорит, что мы можем просить все, что хотим, и это будет дано, потому что есть ответственность и мандат на нашу жизнь.

В рамках этих отношений и того, что разворачивается для нас с женой, благодаря нашему стремлению, нашей помолвке и пятнадцатилетнему браку, мы знаем желания друг друга. Мы участвовали в онлайн-конференции, и тут открылась новая площадка для взаимодействия. Когда все это происходило, она коснулась моей руки, и ее желание стало моим желанием, а мое желание стало ее желанием, и через союз, не произнося ни слова, мы вместе поняли, что нам нужно сделать.

В моем взаимодействии с Яхве мои желания становятся Его желаниями, а Его — моими, и при этом я не произношу ни слова. Когда я сижу в творении и обрамляю то, что я чувствую, так, как будто Яхве обрамляет это, то это не религиозная практика, а единение. Когда я говорю, это материализуется, я создаю и обрамляю. Если мой Отец создал меня по Своему образу и подобию, то не правда ли, что я тоже могу творить, потому что мой Отец — творец? Это не просто слова, которые я произношу, но желание и мысль, и они начинают выстраиваться в единую цепь, и я вижу, как все начинает проявляться по желанию моего сердца.

Когда я преподаю, я вижу, как открываются врата, и те, кто шел до нас, кто находится в царстве, входят и просят меня рассказать о чем-то, что они прошли вместе со мной. Когда я рассказываю об этом, они могут соединяться вместе с вами, чтобы это стало возможным для вас. Когда мы читаем в Писании о Моше, мы часто удивляемся тому, что, как нам кажется, Бог сделал для него, например, когда он разделил Красное море, чтобы люди могли идти по суше, и нам хочется, чтобы Яхве сделал это для нас. Яхве сделал это не для Моше. Моше сделал это благодаря союзу, который у него был с Яхве. Это большая разница. Он обладал властью и полномочиями, когда находился в царстве, соединяясь вместе с тем, кем он был. Писание говорит, что он поднял свой посох, и воды расступились. Он сделал это благодаря своему единству с Яхве. Мы обладаем способностью изменять ситуацию посреди творения, потому что постигаем функции и полномочия, которые мы несем как сыны. Мы не внизу. Между нами и Яхве и всем, что находится в Царстве, нет пустоты. Мы начинаем творить, формировать и создавать невозможное благодаря нашему единению с Отцом и Его единению с нами в творении.

Во **2-м Послании к Коринфянам 3:7-10** мы читаем, "Если же служение смертоносным буквам, начертанное на камнях, было так славно, что сыны Израилевы не могли смотреть на лице Моисеево по причине славы лица его преходящей, — то не гораздо ли более должно быть славно служение духа? Ибо если служение осуждения славно, то тем паче изобилует славою служение оправдания. То прославленное даже не оказывается славным с сей стороны, по причине преимущественной славы последующего."

В процессе, через который я прошел, я говорил о различных Царствах. Когда я отправился на Небеса Небес и занимался некоторыми вещами, Моше появился через врата, встал передо мной, и честь и благодарность, которую он проявил по отношению ко мне как к сыну, поразили меня. Когда я читаю о нем в Писании, это меня поражает! Когда он общался со мной, его жезл соединялся с моим жезлом, и это место Писания стало резонировать во мне, и он сказал, что сыновья начинают входить в полноту своей сущности, и ее раскрытие для них сделает так, что его слава покажется такой, как будто это была вовсе не слава.

Наше мышление нуждается в корректировке! Во **2-м Послании к Коринфянам 3:11-18** мы читаем, "Ибо, если преходящее славно, тем более славно пребывающее. Имея такую надежду, мы действуем с великим дерзновением, а не так, как Моисей, [который] полагал покрывало на лице свое, чтобы сыны Израилевы не взирали на конец преходящего. Но умы их ослеплены: ибо то же самое покрывало доныне остается неснятым при чтении Ветхого Завета, потому что оно снимается Христом. Доныне, когда они читают Моисея, покрывало лежит на сердце их; но когда обращаются к Господу, тогда это покрывало снимается. Господь есть Дух; а где Дух Господень, там свобода. Мы же все открытым лицем, как в зеркале, взирая на славу Господню, преображаемся в тот же образ от славы в славу, как от Господня Духа."

Павел показал мне, что завеса, о которой он говорит в этом месте Писания, — это завеса религии. Та самая завеса, которая не позволяет христианам выйти за пределы земного царства, до сих пор висит над их умами. Эта завеса снимается не молитвой грешника, а обращением к Яхве. Все это происходит через наш союз и отношения с Ним, через наше участие и стремление, мы входим внутрь и соединяемся с Ним, созерцая таинство и запас сокровищ Яхве, чтобы начать видеть, как они прорастают в нас, чтобы мы могли создавать, формировать и выпускать их в творение.

Молитва глубоко связана с молитвой Духом, которая представляет собой молитву на языках, и ее не хватает нам, сыновьям и мистикам. В нашем сообществе, из-за различных интересов и пристрастий, на которых сосредоточены люди, они лишились истины, важности и силы молитвы Духом. Если мы сможем сосредоточиться на молитве в Духе в течение одного часа, полностью погрузившись в этот момент, мы начнем видеть, как происходят вещи, которых никогда не видели на земле. Когда мы молимся в Духе, это изменяет очень многое из того, что происходит в духовном плане, приводя к огромному прорыву. Я вижу, как многие люди отдают приоритет чему-то другому, вместо молитвы на языках, почитают это другое вместо того, что приносит огромный прорыв — говорение на языках.

Что снизошло на учеников в книге Деяний? *Руах хаКодеш* сошел на них, а затем начал гореть внутри них. Они начали молиться в Духе и это привело к великой трансформации, однако две тысячи лет спустя религиозный дух, который распространился среди людей, пытается заглушить то, что приводит к трансформации.

В рамках моего взаимодействия и понимания союза с Отцом, находясь в этом месте и молясь в Духе, я люблю вступать в Сферу Тайн. Именно эта сфера привела к таким преобразованиям в моей собственной жизни. Я уделяю внимание и занимаюсь этой сферой и почитаю ее. Недавно я подключился к конференции, которая проходила несколько лет назад в Великобритании, где Грант Махони рассказывал о тайнах. У меня не было никакого основания для понимания того, что означают "секреты" в Царстве, исходящем из сердца Яхве. Верой я начал приобщаться к этому, чтобы это стало частью моей сущности. Недавно Ян Клейтон рассказывал о разнице между секретами Яхве и тайнами Яхве. Во мне открылось желание, которого я никогда раньше не видел, и оно появилось потому, что я почитаю тайну. Открылись врата в другое царство, чтобы начать созерцать тайны Яхве, которые отличаются от секретов Яхве. Его секреты хранятся в земном мире, но тайны — выше этого мира. В **Притчах 25:2** мы читаем: "Слава Божия — облекать тайною дело, а слава царей — исследывать дело."

Это приводит нас к **Евангелие от Иоанна 3**, где Никодим беседует с Иешуа, который объясняет Никодиму, как человек рождается свыше. Он спрашивает Иешуа, как он должен вернуться в чрево матери, и Иешуа спрашивает, как же он не знает этого, если он раввин. Если Никодим не мог понять, о чем говорит Иешуа, то как он мог увидеть то, что не имеет земных аналогов? Иешуа говорил с Никодимом из Царства Тайн, создавая для него основу для понимания, чтобы Царства Тайн, расположенные в земном мире, могли соединяться в единое целое и проявляться в творении. Именно в Царстве Тайн мы можем почтить его и пройти через него, чтобы оно стало для нас воротами к созерцанию тайн Яхве, не имеющих земных аналогов. Внутри тайны Иешуа все еще говорил с Никодимом, давая ему земную платформу, чтобы начать объяснять, как происходит рождение свыше. То, что происходило в естественном мире, соединялось с духовным в тайнах, но все еще оставалось в земном мире. Яхве протягивал Никодиму приглашение, которое позволило бы ему созерцать тайны, не имеющие земных аналогов.

Это было доверено нам как сыновьям. Не только тайны, но и секреты. Мы вот-вот принесём перемены на землю — через нашу верность, путь, который мы проходим вместе, и ту зрелость, к которой пришли. Это открывает нам двери, чтобы мы могли по-настоящему войти в глубину Божьих тайн, которые сейчас начинают раскрываться. И когда мы будем жить в этом мире, мы будем приносить с собой Его Царство. **Евангелие от Матфея 6:10**: "Да приидет Царствие Твое. Да будет воля Твоя и на земле, как на небе."

## АКТИВАЦИЯ

Я хочу, чтобы вы включились в работу и привели свое сердце в движение для того, что приготовлено для вас. Молитесь в Духе, пока я буду объяснять некоторые вещи. Верой начните участвовать в том, что происходит на вашей горе внутри вас как сына. Участие заключается не в вознесении, а в том, чтобы быть вместе в этом месте. Я хочу, чтобы вы полностью осознали то, что приготовлено для вас.

Яхве, по мере того как мы начинаем вступать в контакт, мы вступаем в контакт с раскрывающимся предложением того, что происходит внутри нас как сыновей, в рамках взаимодействия, в рамках союза и понимания важности молитвенного образа жизни, не религиозного, но через союз, который мы имеем с Тобой. Мы начинаем созерцать то, что разворачивается внутри нас, и мы взаимодействуем, когда начинаем идти в места внутри Твоей горы, чтобы начать созерцать то, что происходит, трансформацию, которая является нашим уделом прямо сейчас.

Мы чтим тебя, Вера, за то, что ты есть. Мы чтим тебя, Надежда, за то, кто ты есть, и благодарим тебя за желание участвовать. Ибо вера — это суть того, на что надеются, это свидетельство того, что еще не видно, и мы вступаем в это прямо сейчас. Начните ощущать то, что разворачивается в вашем храме, в вашем теле, как вы соединяетесь с этим. Позвольте этому пульсировать через врата того, кто вы есть, чтобы начать устанавливать, что происходит.

# Глава 8

## Молитвы в Духе (Линди)

Яхве говорил со мной на тему молитвы на языках. Мы пришли к тому, что нам кажется, что языки — это устаревшая вещь, но языки — это не то. Это жизненно важно, и мы заменили это произнесением *Йод Хей Вав Хей*, разговором на иврите или медитацией и перестали молиться на языках. Я почувствовала, что Яхве внушил мне, что нужно собраться группой и начать говорить на языках. В первый раз, когда мы собрались вместе, нам удалось продержаться минут пятнадцать, после чего некоторые начали возвращаться к *Йод, Хей, Вав, Хей* и говорить на своем родном языке. Нам пришлось приложить усилия, чтобы говорить только на языках. Это было довольно трудно, потому что нам пришлось начать говорить на языках по-другому и в другом месте, чтобы делать это эффективно.

Существуют различные виды языков, и они очень важны. Это не тот дар, который мы получаем только при общении с Яхве, потому что люди могут возложить на нас руки, чтобы мы получили эту способность. Очень важно, чтобы мы говорили на языках, особенно в наше время, потому что это назидает нас и укрепляет в нашей святой вере — это высвобождает что-то внутри нас. Это также начинает высвобождать что-то на поверхности земли. Я начала замечать, что во всем мире наблюдается тенденция, когда в традиционных церквях, харизматических церквях, пятидесятнических церквях и пророческом движении люди призывают выделять время для говорения на языках. Я знаю некоторых служителей, которые говорят, что большая часть их молитв совершается на языках.

Недавно я услышала слова одного пророка о том, что мы

стали противниками секретов и тайн Яхве. Церковь не хочет вникать в "странные вещи"! Это относится прежде всего к Европе, потому что у нас светский гуманизм и мы не хотим обидеть людей. Мы с мужем основали церковь в Виктория Фоллс, Зимбабве, и один из гидов сказал мне, что если бы мы не говорили на языках, то к нам в церковь приходило бы гораздо больше людей, потому что это их оскорбляет. На одно из наших собраний пришла самая влиятельная пара в городе. Во время служения они устроили шум, собрали свои вещи и ушли. Они прислали сообщение, что если мы хотим узнать, в чем дело, то нам нужно встретиться с ними. Нам было не очень интересно, но мы все-таки встретились с ними, и они сказали нам, что не хотят, чтобы мы говорили на языках, потому что это оскорбительно. Они хотят, чтобы в городе была церковь, которая бы хорошо относилась к людям и радовала их всю предстоящую неделю. Я провела пальцем по столу и сказала им, что я только что провела линию на песке, и они не должны ее переступать, и что мы будем говорить на языках в этой церкви независимо от того, нравится им это или нет. Пришла еще одна группа и сказала, что если бы богослужения были короче и не такими громкими, то в церковь приходило бы больше людей. Мой муж поблагодарил их за мнение и на следующей неделе добавил двадцать минут к уже часовому богослужению. Люди находились под таким влиянием *Руах хаКодеш*, что нам иногда приходилось их выносить. Не стоит и говорить, что они тоже ушли. Таким образом, мы видим, что наступило отвращение к тайнам, когда люди не хотят тайн и странностей.

Грант Махони поделился своим мнением о том, что до того, как Яхве создал живые буквы, Его общение происходило на "небесном языке", который мы называем "языками".

Они не говорили на иврите. Яхве создал живые буквы, чтобы

сказать: "Да будет свет." Затем буква могла участвовать в процессе творения и создавать свет.

Говорение на языках — это говорение на языке ангелов и на языке Яхве. Это чужой язык, как лепет уст, и его не понимают здесь, на земле. Существует также говорение на языках человеческих, которые являются известными языками. Если вы мистик, то должны быть крещены Святым Духом! В подростковом возрасте я слышала о крещении Святым Духом, но стеснялась попросить кого-нибудь помолиться за меня. Я услышала, как кто-то сказал, что я должна попросить Яхве крестить меня, а потом говорить все, что придет в голову.

Слова на языках не могут быть произнесены в голове, они должны выходить изо рта. Я встала на колени возле своей кровати и попросила Иешуа крестить меня. Я пыталась говорить то, что приходило мне в голову, но чувствовала, что ничего не получается, и, чувствуя себя идиоткой, легла спать. На вторую ночь было то же самое, и я просто издавала гортанные звуки. Моя бабушка была очень набожной христианкой, которая любила Иешуа, и она стояла на коленях рядом со своей кроватью, читала Слово и молилась, так что это было для меня примером. На третью ночь, когда я стояла на коленях возле своей кровати и издавала гортанные звуки, вдруг изо рта вылетел мой "язык", и он свободно заговорил. У моего мужа все было иначе, и вначале он смог произнести лишь несколько слов. Чем больше он молился, тем больше рос его "язык" и больше слов приходило. Так я была крещена Святым Духом с явлением говорения на языках.

Существует множество доктрин, утверждающих, что для крещения Святым Духом не обязательно говорить на языках. Когда мы получаем крещение Святым Духом, сила приходит свыше, чтобы напитать нас силой, и свидетельство тому — языки. Языки были восстановлены в эпоху экклесии в

1906 году в результате пробуждения на Азуса-стрит. В 1980-х годах это также было распространенной доктриной, от которой мы стали отказываться, поскольку стали не склонны к тайнам, но, честно говоря, обычно после крещения Святым Духом у человека проявляются языки.

В **1 Послании к Коринфянам 14:2** мы читаем: "Ибо кто говорит на незнакомом языке, тот говорит не людям, а Богу; потому что никто не понимает его, он тайны говорит духом".

Слово "тайна" по-гречески звучит как *mysterion* и является существительным среднего рода. Оно упоминается в Новом Завете более двадцати восьми раз и означает связь с сокрытым, секреты или тайны, что должно быть для нас обычным делом. Мы знаем, что есть секреты Яхве и тайны Яхве. Тайна — это две вещи: секреты и тайны, поэтому, когда мы говорим на языках, речь идет о чем-то скрытом или тайном, не очевидном для понимания, о скрытой цели или советах, секретах Бога, тайных советах, с помощью которых Бог управляет праведниками.

Об этих тайнах говорится в следующих местах Писания:

**Евангелие от Матфея 13:10-11**: "И, приступив, ученики сказали Ему: для чего притчами говоришь им? Он сказал им в ответ: для того, что вам дано знать тайны Царствия Небесного, а им не дано".

**Евангелие от Марка 4:10-11**: "Когда же остался без народа, окружающие Его, вместе с двенадцатью, спросили Его о притче. И сказал им: вам дано знать тайны Царствия Божия, а тем внешним все бывает в притчах".

**Евангелие от Луки 8:10**: "Он сказал: вам дано знать тайны Царствия Божия, а прочим в притчах, так что они видя не видят и слыша не разумеют."

**Послание к Римлянам 11:25**, "Ибо не хочу оставить вас,

братия, в неведении о тайне сей".

**1 Коринфянам 4:1**: "Итак каждый должен разуметь нас, как служителей Христовых и домостроителей таин Божиих."

Недавно я услышала, как кто-то сказал, что нам не нужны тайны и что у Бога больше нет секретов, что, честно говоря, тайн больше нет, потому что все они уже найдены. Тайны вы можете искать, вы их даже находите, но секреты могут открыться только при личной встрече с Яхве. Их можно найти не в книгах!

Религия любит контроль и порядок больше, чем тайны, суверенитет и секреты Яхве. Нам доверено мистическое, странное, трансы, перевоплощения, необычные языки, и это лишь малая часть того, что мы являемся необычными людьми. Если вы хотите, чтобы в вашей жизни были необычные явления и *mysterion*, вы не можете получить их на своих условиях. Мы с мужем прожили в браке двадцать три года. За эти годы в нашем служении происходили необычные вещи, которые продолжаются до сих пор. Я напомнила Рику, как мы проводили молитвенное собрание перед церковью, где в течение часа молились и пели на языках, а потом на наши собрания приходили ангелы. Я помню, как Рик играл на гитаре, когда перед ним появился его ангел, а вокруг его ног парили разноцветные перья. Он упал лицом вперед через монитор и микрофонную стойку на свою гитару. Помимо золотых зубов, перьев, масла и дождя в здании происходили и другие необычные вещи. Все это происходило от того, что мы говорили на языках и не были противниками тайн, а были открыты для знамений.

Знаки служат для того, чтобы указать вам на что-то, чтобы заставить вас удивиться чуду, благоговению, великолепию и красоте Яхве. Мы настолько незрелы, что, когда происходят знамения и чудеса, мы гонимся за ними и за тем, через кого они происходят. Мы идолизируем пятикратное служение и идолизируем тех, через кого происходят знамения и чудеса. Мы должны быть осторожны, чтобы не погнаться за "проявлениями", потому что это меньшая форма славы, чем та, которая находится на небесах. Золото, которое мы видим здесь, — это меньшая форма славы и золота, которые находятся на небесах. Лучше быть похожим на Соломона, который набрал золота так много, что оно лежало на улицах, как камни, чем иметь крошечные крупинки, падающие при встрече.

Мне нравится и то, и другое! У нас на собраниях падали самородки, мы брали виолончельную ленту, чтобы собрать упавшее золото и серебро, и бегали за ними, искали золотые зубы. Дошло до того, что если на собрании не проявлялись драгоценные камни, то это уже было не собрание, и оно от нас ускользало. Мы не знали, как распорядиться славой и тем, что было следствием славы, и то, что драгоценные камни падали на собрании, не обязательно означало, что Бог был на собрании, но это было следствием поклонения, которое мы Ему оказывали. Он любит нас и просто хочет излить это.

Мы не часто получаем то, что хотим, потому что речь идет не о нас. Если бы кто-то умер сегодня, в этой студии, и воскрес из мертвых в прямом эфире, то завтра за дверью была бы длинная очередь за исцелением, особенно в наши дни, когда существует COVID-19. Люди гоняются за дарами, а не за Дарителем этих даров. Мы должны стать частью знамений и чудес. В 1980-е и 1990-е годы знамения и чудеса происходили через понимание веры и говорение на языках. В то время мы не понимали, что вера — это Существо, мы думали, что это сила, но мы почитали веру и обращали через нее, поэтому вера почитала нас и обращала через нас. В результате произошли огромные знамения и чудеса, и мы должны вернуться туда. Я понимаю, что бывают приливы и отливы, Яхве то убирает, то восстанавливает, но мы не видим, чтобы многие люди исцелялись. В настоящее время наблюдается возрождение поклонения и близости с Яхве, потому что Он освобождает нас от идолизации пятикратного служения и идолизации тех, через кого оно приходит.

Есть те, кто несет тайны по лицу земли, как, например, Ян Клейтон. Грант Махони обладает наиболее интенсивной способностью видеть ангелов, знать их имена и их функции в нашей жизни. Мариос Эллинас обладает самой сильной способностью учить о чести и финансах. Они являются для нас раввинами и учат нас тайнам, но они никогда не хотят быть в положении, когда их боготворят и когда мы называем их пастором, пророком, евангелистом, учителем или апостолом. Это функции, а не титулы!

Знамения и чудеса должны быть вокруг нас, и мы должны стать их частью. Несколько недель назад мы были в Кейптауне, Южная Африка. Я повредила ахиллово сухожилие, и мне было так больно, что я едва могла ходить. На следующий день я должна была подняться на Столовую гору, чтобы забрать некоторые вещи, так как там случился пожар. Вечером у нас было собрание, и я не хотела поднимать шум, поэтому просто сидела молча. Рик начал говорить и рассказал о том, как он повредил колено и просил Яхве исцелить его, потому что он любитель бега на длинные дистанции и его колено слишком сильно болело, чтобы он мог бегать. Яхве как будто упрекнул его и сказал: "Я не могу исцелить его, потому что ты не любишь свое тело и не любишь свое колено." Тогда он пошел в укромное место и с любовью стал обращаться к своему колену, разговаривать с ним и восстанавливать его словесно. Яхве исцелил его колено!

Пока я сидела на этой встрече, я слушала, но не ожидала,

что получу исцеление, и Рик сказал: "Представь, если бы то, что сейчас во мне, исцеляющая сила, которая пришла на меня, потому что я почитал свое колено и любил свое колено, открылась, вышла из меня и коснулась всех, кто находится вокруг меня". Мы говорили о *sefirot*, о Древе Жизни в нас, которое выходит из нас. Я сидела на стуле и думала о том, как Петр вышел из своего молитвенного помещения и пошел в синагогу, и все звали больных и нуждающихся, потому что знали, что его тень коснется их. Тень славы, в которой он находился, потому что он, вероятно, вошел в Купальню, увидел, как происходит исцеление в его первоначальной форме, принял это внутрь себя, и когда он вышел, куда бы он ни пошел, его тень исцеляла всех.

Во время всего этого процесса я ничего не чувствовала, а в конце встречи я встала, чтобы поговорить с молодыми людьми, и поняла, что с пяткой все в порядке. Я решила ничего не говорить, вдруг потом разболится. После встречи я нормально дошла до машины, а на следующий день смогла подняться на Столовую гору. Ребята, которые были со мной, видели, как я с трудом поднималась в самолет накануне, и я напомнила им о словах Рика. Представьте себе, если бы то, что было в нас, вышло из нас, и то место, где мы находились в тайнах Яхве, начало усваивать красоту и исцеление Яхве на наших телах и в нас самих, настолько, что, когда мы открыли бы наши души, благоухание Христа вышло бы из нас в умирающий мир, и они исцелились бы от частоты того, что осеняло нас. Когда Рик сказал это, моя голова словно улетела в другое измерение, и я была полностью исцелена.

Это новая школа, но на самом деле древняя. Мы забыли, как любить и пребывать в тайнах. Вышеупомянутый пророк говорил, что будут известные языки, то есть известный язык, и неизвестные языки, то есть секреты и тайны, которые станут огромным инструментом для евангелизации. Не так давно я говорила на языках, и кто-то сказал мне, что я говорю на иврите. В другой раз я говорила на языках перед кем-то, и он спросил меня, на каком языке я говорю. Я специально это сделала и сказала ему, что говорю на нескольких языках, но это был небесный язык. Он просто уставился на меня и сказал, что думает, что я говорю по- французски.

Мы сделали применение языков слишком маленьким, и Бог наполняет людей таинственностью говорения на языках, чтобы неизвестный и известный языки были в нас. Мы должны говорить на небесном языке тайн и на земном языке известных языков. Земной язык — это когда мы говорим на языках и высвобождаем финансы, искусство, бизнес и так далее, а небесный язык — это тайны и секреты Яхве, которые начинают приходить и спускаться на нас. Этот пророк сказал, что мы увидим это через мгновение, но как только это мгновение наступит, оно исчезнет. Мы не должны потерять то место, где Он открывает окно для говорения на языках, которое открывает доступ к секретам и тайнам Яхве.

Однажды я молилась и соединялась мысленно со своим духовным человеком и видела, как он поклоняется Яхве в великой отрешенности, говоря на языках. Я соединяюсь с ним на языках в духе и во плоти, учась видеть, как я это делаю. Этот пророк говорил о том, что мы придем в это место экстатических языков, поклонения и пророчества, и это будет момент времени, когда Яхве высвободит это, и нам нужно будет держаться за это. Говорение на языках — это не старая технология, это одновременно и современная, и древняя технология. Если мы говорим, что нам больше не нужно говорить на языках, это означает, что мы знаем все тайны и владеем всеми секретами Яхве.

Я должна строить себя в своей святой вере, учась проявлять ее через *yesod* божественного творчества и через *tifferet*, где живые воды вытекают из моего живота, чтобы я могла

высвободить ее через *malkuth*, где мои ноги касаются земли.
В **Послании к Римлянам 8:19** мы читаем, что все творение
стонет, ожидая проявления сыновей, чтобы мне укрепиться
самой и затем высвободить это в творение. Пророк
продолжил и сказал, что, когда мы говорим на языках,
мы настраиваем наши клетки на приобщение к тайнам.
Существует множество исследований, которые показывают,
что происходит в мозге и теле, когда мы говорим на языках.
Писание говорит, что когда мы говорим на иных языках, мы
говорим не людям, а Богу, произнося тайны. Говорение на
языках начинает влиять на нашу ДНК в Древе Жизни, так
что она начинает перестраивать наше тело, чтобы мы стали
приемником тайн и провозвестником тайн и, как магнит,
начали притягивать и вбирать тайны в нашу жизнь.

Тогда *Руах ха-Кодеш* скажет, что настало время высвободить
тайны, которые мы загрузили в нашу ДНК, укрепив себя в
нашей святой вере, и которые затем могут выйти на землю.
Это происходит потому, что мы говорим в тайнах и начинаем
понимать их, поскольку интегрируем себя в тайны и в
глубокий *sod* (тайный или конфиденциальный разговор)
Элохима. Когда мы начинаем это делать и это проникает
через нас, мы можем начать открывать наш дух, и то, что в
нас, выходит из нас.

В **Деяниях 3:6** мы читаем: "Но Петр сказал: серебра и золота
нет у меня; а что имею, то даю тебе: во имя Иисуса Христа
Назорея встань и ходи." Во имя *Йод Хей Вав Хей*, вдыхая и
выдыхая Его в том месте Яхве, тайны Яхве, встань и иди.

Быть в Имени не означает, что мы просто произносим его как
часть молитвы и пользуемся им как волшебной палочкой. Это
значит вдыхать Имя Яхве и помещать себя в это Имя, чтобы
затем сказать, как в **Деяниях 17:28**: "ибо мы Им живем и

движемся и существуем".

В **Послании к Колоссянам 1:27** говорится: "Которым благоволил Бог показать, какое богатство славы в тайне сей для язычников, которая есть Христос в вас, упование славы".

Когда Писание говорит, что все, что мы попросим во Имя Его, мы получим, слово "в" означает внутри, поэтому я могу войти в Его Имя, и я стою там и вдыхаю Его, а затем выдыхаю через мое тело, через мой живот, вниз через мои ноги, втягивая из сфер Царства в мое тело и затем втягивая тайны вниз через мои ноги, потому что каждое место, по которому будут ступать наши ноги, Яхве дал нам и открыл тайны и секреты.

Говорение на языках приобщает нас к Божественности и к Божественному. Это трансформирует наши желания в то, что говорит *Руах хаКодеш*, и тогда мы можем по-настоящему молиться. Мы должны обращать свое внимание через *Руах хаКодеш* и смотреть на Него, чтобы увидеть, что Он делает, потому что мы не знаем, как молиться, но Он молится от нашего имени. Во время говорения на языках мы можем отвлекаться. Мы можем смотреть телевизор, нервничать, читать книгу и убирать мусор. Когда я практикую и тренирую свою плоть, чтобы остановить ее и вести себя прилично, я закрываю уши и говорю на языке, потому что тогда я слышу только это и концентрируюсь на словах, выходящих из моих уст, даже если я их не понимаю, потому что это небесный язык, но мой дух понимает его. Это отличный способ потренироваться обращать свои намерения и желания через *Руах хаКодеш*, чтобы, когда я говорю на языке, я трансформировала свое желание в Него и в то, что Он говорит, и тогда я действительно начинаю молиться.

Мы были помощниками пастора в церкви с залом, вмещавшим 1500 человек, а церковь состояла примерно из 1100 человек. У нас было мощное пробуждение через поклонение, и происходили самые разные безумные вещи. Мы потеряли около ста человек, потому что наше поклонение было диким, и около пятисот человек присоединились к нам. Сатанисты и колдуны выступали против нас, и чем сильнее они напирали, тем сильнее напирали мы. На концерт в церковь приехала американская группа The Resurrection Band (Группа "Воскресение"). Это была христианская хэви-метал группа, которая оказывала огромное влияние на бедные и обездоленные общины в своем городе. Один из прихожан рассказал нам, что на концерт приедет группа местных сатанистов под названием "Дети гроба". Многие люди, узнав об этом, пришли в ярость, и мы подумали, как же они услышат Евангелие, если не придут в церковь?

До этого концерта мы провели несколько недель, молясь на языках после работы и по выходным. Непосредственно перед концертом наступила очередь нашего района, около сорока человек, дежурить на молитве, и мы в духе обращали свои намерения через Яхве и начинали ходатайствовать, поклоняться и молиться на языках. Это все, что мы делали, пока наши голоса не стали обращаться через стон, как при родах, и в ту ночь я родила в духе два или три раза что-то. Примерно в 02:30 ночи мы вышли из молитвенной комнаты в зал, где, как сказал мой муж, мы должны были семь раз пройтись в молчании, а затем воздать Господу крик, потому что в Библии сказано, что крик царя — среди его народа. Мы обошли это место в тишине и после седьмого раза, на счет "три", воззвали к Господу. Что-то впитало наш крик, как сладко пахнущую жертву, и наш громкий крик просто исчез. Яхве наклонился и вдохнул наш крик.

Это произошло около 03:00 утра, после чего мы отправились домой. В этот момент проснулся старший пастор и позвонил нам, чтобы спросить, что произошло, так как Яхве сказал ему, что этой ночью в городе пала крупная цитадель. Это произошло из-за говорения на языках. Эта цитадель была оплотом религии, которая пала в ту ночь, и когда молодые сатанисты пришли послушать игру группы "Воскресение", многие из них спаслись и оставили свое ремесло, потому что пала цитадель. Это произошло потому, что мы обращали свои намерения через Яхве, молились на языках и в духе со стонами, которые невозможно произнести, и Отец совершил нечто впечатляющее и сверхъестественное.

Языки — это живые врата в царство тайн и секретов Яхве. Тайны можно искать, а секреты приходят к тем, кто находится в истинных отношениях с Яхве. Вы не найдете секретов в книге, а если они и есть, то они настолько скрыты, что их не видно. Я находилась в удивительном месте глубокого поклонения Яхве, общаясь с двумя Существами, и они дали мне имя, с которым я могла обращаться к Яхве. Я позвонила своей подруге-еврейке, чтобы спросить ее, что это значит, потому что я никогда не слышала этого раньше.

Она спросила меня, кто дал мне это имя, потому что евреи скрывают его, и это имя не используется и не упоминается, потому что это тщательно охраняемый секрет. Только Адам использовал это имя в саду, когда ходил с Яхве. Я не могу открыть это имя, потому что это тщательно охраняемая тайна, которая дается только друзьям. Этот секрет был передан мне из места близости с Яхве.

Давид сказал в **Псалме 50:13**: "Не отвергни меня от лица Твоего и Духа Твоего Святаго не отними от меня." Давид совершал действия и посещал места, потому что говорил на языках и имел при себе *Руах хаКодеш*. Языки берут язык Духа и обращают его через материю. В квантовой физике мы берем частотные волны и обращаем через них наше внимание, чтобы, глядя на них, преобразовать их в материю. Язык делает то же самое, создавая мост или дверь в тайны Яхве. Духовный человек становится сильным и начинает по-настоящему властвовать над вашим триединым существом. Тело, душа и дух приходят в единство и обретают божественный суверенитет, когда мы говорим на языках.

Утверждение, что языки не существуют, стало причиной того, что мы потеряли знамения, явления и чудеса, и Яхве хочет вернуть их нам, Церкви и в вашу жизнь сегодня. По всему миру люди молятся на языках, открывая тайны и секреты над нашими городами, округами, провинциями, штатами и странами. Ваша молитва на языках также создает в вас ворота или путь для секретов и тайн Яхве. Это короткий сезон, когда у нас не так много времени, чтобы перешагнуть через него и ухватиться за то, что он приготовил для нас, снова высвободив знамения, чудеса и сверхъестественное. Это может быть не то же самое, что мы видели раньше с исцелениями на улицах, это может быть нечто совершенно иное. Возможно, то, что осеняет меня, осенит и тех, кто находится рядом со мной, и произойдет исцеление, и дела пойдут в гору от моего сияния, и жизни людей будут затронуты только потому, что вы или я находимся в этой комнате. Как церковь, мы когда-то арендовали помещение в школе, и директор попросил нас не уходить, потому что ситуация в школе кардинально изменилась. Финансы начали приходить к ним, дети поступали в колледжи, и благословение оставалось с ними благодаря той частоте, которая пребывает на нас, когда мы действуем как сыновья в сферах Царства.

Нам необходимо укреплять наше триединое существо, особенно в наши дни, и нам необходимо вернуться к привычке говорить на языках в нашем духе, в нашей плоти, в естественном, физическом и духовном мире. Мы должны собраться группой и начать говорить на языках, не будучи религиозными, а обращая свое намерение через

*Руах хаКодеш*, и когда мы это делаем, Он преобразует наше желание в Свое, и тогда мы действительно молимся.

Я не могу передать словами, сколько знамений и чудес мы видели в результате говорения на языках. Если это достаточно хорошо для Яхве, то это достаточно хорошо и для меня! Говорить на языках, когда проявляются демоны, говорить на языках, когда проявляются инопланетяне, говорить на языках, когда люди нуждаются в исцелении, мы видели, как знамения и чудеса следуют за этой тайной, тайной, которую мы произносим, когда говорим на языках, и *Руах* начинает течь над людьми. Когда я говорю на языках, я говорю не с людьми, а с Богом, потому что никто не понимает, но в Духе мы говорим мистерии, секреты и тайны. Все мои дети крестились в Духе Святом и говорили на языках, когда были маленькими, и никто за них не молился.

## АКТИВАЦИЯ

В качестве активации мы сейчас найдем тихое место и будем говорить на языках, чтобы высвободить что-то внутри себя и укрепить себя в нашей святой вере, чтобы она могла течь из нашего живота через ноги в *malkuth* и в землю. В этом месте земля может обращать себя через нас и смотреть на нас как на проявляющихся сыновей, и мы тоже начнем течь в полноте этого.

Во время молитвы на языках вы можете положить руки на живот и сосредоточиться на словах, выходящих изо рта, овладеть своими мыслями и продвигаться вперед, так как это развивает ваш дух и делает его сильным. Молясь, вы приводите свое тело и душу в триединое соответствие. Начни ощущать, как тайны и сокровенные истины Яхве приходят, когда ты поднимаешь свою голову, о, врата, и опускаются в твое чрево. Увидьте внутри себя Древо Жизни, менору и вашу ДНК, которая перекалибруется языками. Позвольте этому языку Духа начать входить в материю и обращать через себя в нечто осязаемое. Теперь начните выпускать его через свое тело, через ноги и в землю, чтобы она отвечала вам. Вдохните и произнесите *Йод Хей Вав Хей* и выдохните. Вдохните, *Йод Хей Вав Хей*, и выдохните.

В сферах Царства, где бы ни болело ваше тело, я хочу, чтобы вы отнесли его к трону и попросили Яхве простить вас за те моменты, когда вы проявляли неуважение к этой части своего тела.

Молитесь так: "Я прощаю себя за то, что проявлял неуважение к своему телу и этой части своего тела. Я почитаю свою клеточную структуру, почитаю свои кости и мышцы. Я почитаю свое тело и оживляю его благодаря крови Агнца. В этом месте почитания моего тела я благодарю Тебя, Яхве, что все, что есть во мне, теперь может выйти из меня. Серебра и золота у меня нет, но то, что у меня есть, я стою во Имя Твое, *Йод Хей Вав Хей*, встань и иди. Благодарю Тебя за исцеление."

Вот как я хочу, чтобы вы говорили на языках, удерживали свое внимание и сосредоточенность, загружая и наращивая свой дух и выпуская его на землю, а затем повторяя этот процесс. Таким образом, вы станете проводником благости, милости и славы Яхве, Его великолепия и благоговения.

# Немного о Линди

Линди Мастерс находится в активном служении уже 41 год. Ее страсть — наставлять Тело Иешуа в "зрелости, будучи их Вав", укорененным и обоснованным в ЙХВХ, в Его тайнах и секретах. У Линди прекрасное наследие — трое замечательных детей, каждый из которых замужем за благочестивыми партнерами, и четверо прекрасных внуков.

В настоящее время она делит свое время между Великобританией и Южной Африкой.

# Немного о Рике

Страстное желание Рика — бросить вызов и вдохновить других на то, как стать Сыном Яхве. Он делится переживаниями Царства, которые научили его важности правильного позиционирования себя как Сына, тому, как управлять как Сын, как проходить путь с Верой и освобождаться от религиозного духа.

Рик женат на Мелани, у них двое детей, и они живут в Дурбане, Южная Африка.